Georg Schwikart

Jeder Tod hat sein Gelächter

Über das Verhältnis zweier eigentümlicher Brüder

Georg Schwikart

Jeder Tod hat sein Gelächter

Über das Verhältnis zweier eigentümlicher Brüder

echter

Für Monika, Hildegard, Hans-Jakob,
Ursula, Thomas und Christoph:
meinen Geschwistern gewidmet,
mit denen ich geweint und gelacht habe.

Inhalt

Vorwort

Während der Arbeit an diesem Buch erzähle ich einer Freundin von dem Projekt, das mich gerade beschäftigt.

„Tod und Tumor?“ fragt die Freundin verwundert. „Du bist doch kein Mediziner.“

„Nein, Hu-! Humor! Tod und Humor“, korrigiere ich.

Wir kichern.

Achim, ein Bekannter von mir, der sich ausführlich mit der Rechtschreibreform und ihren Tücken auseinandergesetzt hat, meint lakonisch, die Katastrophe der Kursk, des russischen U-Boots, bei dessen Untergang im August 2000 118 Seeleute ums Leben kamen, sei den Nachrichtenmachern gerade zupass gekommen: damit hätten sie endlich das leidige Sommerloch-Thema Rechtschreibreform vom Hals gehabt. Ich räuspere mich, kann aber ein Grinsen nicht unterdrücken. Wahrscheinlich hat er Recht.

Diesen Witz mochte ich immer gern: „Herr Schmitz kauft einen Fallschirm. Der Verkäufer sagt großzügig: Wenn er nicht funktioniert, können Sie ihn gerne umtauschen!“

Aber das Lachen bleibt mir im Halse stecken, seitdem ich in der chilenischen Provinz eine Frau kennen lernte, deren Bruder genau das passiert ist: Sein Fallschirm öffnete sich nicht.

Ein Freund filmte seinen Absprung per Video, noch ohne zu wissen, welche Tragödie sich ereignen würde. Die Aufnahme war dann im staatlichen Fernsehen zu sehen.

Die Idee, sich dem Verhältnis der anscheinend unpassenden Partner „Tod & Humor" zu widmen, entstand beim Schreiben eines anderen Buches, in dem ich von meinen Erfahrungen berichte, die ich als Trauerredner gesammelt habe. Das waren ernste, mitunter sogar bedrückende Geschichten, alle authentisch und selbst erlebt. Wie kleine Sonnenstrahlen in diesem düsteren Tal der Trauer machten sich da die unfreiwillig komischen Momente aus: die Hunde etwa, von denen es auf der Kranzschleife hieß „In tiefer Trauer"; meine Tante, die während der Prozession zum Grab ihrer Mutter „Wie oft sind wir geschritten auf schmalem Negerpfad" summte; oder jener Beerdigungskaffee, zu dem ich im Namen der Angehörigen einladen sollte: er fand im „Närrischen Globus", dem Clubhaus des Karnevalsvereins statt.

In meiner Herkunftsfamilie war ein lockerer Umgang mit dem Thema Tod erlaubt, obwohl – oder weil? – uns der frühe Tod des Vaters prägte. Mein Bruder pflegte zu sagen „Praktisch denken, Särge schenken". Und als meine Kinder am Grab des Opas ihren Kopf in den Nacken warfen (weil der Opa ja im Himmel ist), da durfte ich schmunzeln. Ich lächelte ebenso (wenn auch heulend), als ich für meine Mutter in Sofia ein Souvenir gekauft hatte und mir nach dem Bezahlen erst einfiel, die Frau ist ja schon tot.

Im vorliegenden Buch lade ich ein, sich der Partnerschaft von Tod und Humor zuzuwenden. Ich darf aus eigener Anschauung erzählen, aber auch Dichter und Wissenschaftlerinnen, Verordnungen und Zeitungsmeldungen zitieren, die mir zum Thema begegnet sind. Am Ende ist ein Literaturverzeichnis zum Weiterlesen zu finden. Bei der Gelegenheit danke ich vielen Freundinnen und Freunden, die Anregungen und Tipps beigesteuert haben, vor allem aber Ursula Schairer, die das Manuskript mit großem Ernst korrigierte.

Pablo Neruda, der Literaturnobelpreisträger des Jahres 1971, sagt in einem seiner Gedichte:

„Von Zeit zu Zeit und auf Distanz
sollte man ein Todesbad nehmen."

– Einverstanden, aber nur, wenn ich mich anschließend mit reichlich Humor abduschen darf.

Georg Schwikart

Sankt Augustin, 29. Januar 2001,
am Fest des hl. Aquilinus (eines Propstes, der im 5. Jahrhundert während einer Reise nach Mailand ermordet wurde, und nun – auch das entbehrt nicht eines gewissen Humors – Patron der Gepäckträger ist)

Jeder Tod hat sein Gelächter

Einführung in ein (gar nicht so) abseitiges Thema

„Haben Sie schon einmal gemeint, dass Sie sterben, und was ist Ihnen dabei eingefallen:

a) was Sie hinterlassen?
b) die Weltlage?
c) eine Landschaft?
d) dass alles eitel war?
e) was ohne Sie nicht zustande kommen wird?
f) die Unordnung in den Schubladen?“

Diese Fragen stammen aus einem ganzen Fragenkatalog, den der Schweizer Schriftsteller Max Frisch einmal formuliert hat. Der Tod ist ein dankbarer Gegenstand für jeden Autor; überaus umfangreich ist die Literatur dazu. Dichter und Denker, Philosophen und Theologen, Soziologen und Psychologen haben darüber geschrieben. Das Thema ist unerschöpflich und bietet allen etwas. Und doch können wir nur festhalten, was wir Lebende vom Tod meinen, wie wir ihn uns vorstellen, welche Wirkungen er auf uns hat. Denn was der Tod wirklich ist – woher könnten wir das wissen? Zurückgekommen ist noch keiner von uns ...

Sprichwörter sind die Weisheit der Völker, sagt man, und Sprichwörter zum Themenkreis Tod gibt es reichlich. Hier ein paar Kostproben:

Arm ist, wer den Tod wünscht,
aber ärmer, wer ihn fürchtet.
Der Tod macht mit allem Feierabend.
Der Tod macht alles gleich, er frisst arm und reich.
Der Tod zahlt alle Schulden.
Des einen Tod, des andern Brot.
Der Tod kommt ungeladen.
Der Tod hat keinen Kalender.
Der Tod und die Kirche geben nichts zurück.

Heutzutage nimmt man's eher humorig und plappert leichtfertig Sinnsprüche wie diese daher: „Nichts ist umsonst, nur der Tod – und selbst der kostet das Leben." Oder, Werbeslogans parodierend: „Wer früher stirbt, ist länger tot ..." Mitunter finden wir etwas so lustig, dass wir sagen: „Ich lach mich tot!"

Aber: Der Tod ist nicht lustig!

Fragt Tom, den Pfleger im Landeskrankenhaus. Er war im Advent allein mit acht geistig behinderten Menschen unterwegs auf dem Weihnachtsmarkt; für solche Exkursionen steht nicht mehr Personal zur Verfügung. Einer von den Heimbewohnern schlang einen Hefe-Weckmann so gierig in sich hinein, dass er daran erstickte. Tom ist fertig!

Fragt Horst, den Arzt. Er hat sich für das Leben einer Patientin eingesetzt, aber er vermochte sie nicht zu retten. Er hadert mit sich!

Fragt Frau Löffler, deren Mann sich ohne Vorankündigung das Leben nahm.

Fragt Herrn Becker, der am Krankenbett seiner geliebten

Erika aushielt, bis sie endlich von ihrem Krebsleiden erlöst wurde.

Oder fragt mich, dem die Mutter gestorben ist. Natürlich ist das nun mal so, dass die Eltern irgendwann gehen. Aber wenn es dann so weit ist und der Mensch stirbt, der dich so liebte, wie du bist, der dich akzeptierte, ohne Wenn und Aber – dann ist das hart.

Nein, der Tod ist nicht lustig. Und deswegen machen wir uns über ihn lustig. Deswegen verhöhnen wir seine Macht. Wir relativieren seine Gewalt, indem wir spielerisch mit ihm umgehen. Ein harmloses Beispiel: Unter Publizisten heißt es, in einem angesehenen Frankfurter Verlag zu veröffentlichen sei „eine Beerdigung erster Klasse". Will sagen: Der Verlagsname auf dem Cover macht sich gut, die Feuilletons jauchzen, die Kritik verstummt – aber wer sein Buch verkauft sehen will, wem es ums schnöde Geld geht, der sollte sich anderswohin wenden.

Ich lebe in Sankt Augustin. Das ist eine mittelgroße Stadt vor den Toren Bonns. Ich erwähne das, weil ich relativ gut beurteilen kann, wie Recht jener amerikanische Korrespondent hatte, der über die ehemalige Hauptstadt der Bundesrepublik Deutschland (Exportweltmeister und Europas Wirtschaftsmacht Nr. 1) einst spottete: „Bonn ist halb so groß wie der Zentralfriedhof von Chicago, aber doppelt so tot."

Tod und Humor – sind das Gegensätze? Ist es taktlos, die beiden Themen in einem Atemzug zu nennen? Aber was kann man tun, wenn sich die beiden so magisch anzuziehen scheinen? Vielleicht muss man lachen, um nicht am Weinen zu ersticken. Ist nicht das Lachen ein Überlebenselixier? Wie schnell kann doch eine an sich traurige Situation „kippen".

Ich hatte Klaus vorgewarnt: „Wenn du die Oma kennen lernst, dauert es keine Viertelstunde, und sie erzählt dir von den Todesfällen ihres Lebens." Diese Frau hatte in kurzen

Abständen ihren Sohn, ihren Mann und ihre Freundin verloren. Ein extremes Schicksal. – Und siehe da, es geschieht, wie ich vorausgesagt habe, und Klaus muss Acht geben, nicht vor Lachen herauszuplatzen. Die Oma wählt in ihrem ritualisierten Erzählen die gleichen Formulierungen wie immer. Klaus hört exakt die gleiche Story, mit der ich ihn schon vertraut gemacht habe.

Manches ist skurril, darüber mag man grinsen. Manches ist heiter. Und manchmal hilft nur noch Zynismus, Sarkasmus gar. Aber es gibt auch Grenzen; die meisten davon sind selbst gezogen. Die Grenze des guten Geschmacks verläuft dort, wo die Würde anderer verletzt wird. Ein Spaß auf Kosten eines Menschen, der sich in misslicher Lage befindet, mag gerade noch angehen, nach dem Motto: „Wer den Schaden hat, braucht für den Spott nicht zu sorgen." Aber ein Freibrief für Häme kann trotzdem nicht ausgestellt werden. Ist es nicht bedenklich, wie die Talkshows der Privatsender mit derben Zoten, sexistischen und minderheitenfeindlichen Äußerungen ihre Quoten hoch zu schrauben versuchen? Entwürdigende oder diskriminierende Geschmacklosigkeiten sind nicht komisch und haben in diesem Essay keinen Platz.

Tod und Humor – eigentlich bedürfen beide Begriffe einer genauen Definition. Aber wie definiert man „Tod"? Als Versagen aller Körperfunktionen? Ist der Tod nicht mehr als das? Doch was können wir mehr von ihm wissen? Schon Epikur meinte: „Der Tod geht uns Lebende nichts an: Wenn wir leben, sind wir nicht tot, und wenn wir tot sind, leben wir nicht."

Und Humor? Mit „Humor" meinen wir eine Haltung heiterer Gelassenheit, eine fröhliche Wesensart, die die Dinge leicht nimmt – selbst den Tod. Ja, gerade der Tod hat mit dem Humor zu tun, er ist sein Ernstfall. Denn wie die Traurigkeit zu Tränen rührt, kann uns auch das Lachen weinen machen. Weinen und

Lachen, diese Gefühle aus der Tiefe unserer Seele sind Geschwister.

Unser Wort Humor leitet sich ab von dem lateinischen Begriff für „Feuchtigkeit, Flüssigkeit". Die antike Lehre von den Körpersäften vertrat die Ansicht, dass das Verhältnis von Blut, Schleim, gelber und schwarzer Galle für das Temperament eines Menschen bestimmend sei. Daraus leitet sich auch die bis heute gebräuchliche Unterscheidung der vier Temperaments-Typen „sanguinisch", „phlegmatisch", „cholerisch" und „melancholisch" ab. Humor wäre dann diejenige ausgewogene Körpersaftmischung, welche gute Laune gewährleistet.

Letztlich gilt, was der Schriftsteller und Kabarettist Egon Friedell anmerkte: „Was Humor ist, das hat wohl doch niemand zu erklären vermocht: und ich glaube, schon der bloße Versuch, diesen Begriff näher bestimmen zu wollen, ist ein Beweis von Humorlosigkeit, weshalb ja auch hauptsächlich Universitätsprofessoren sich mit dieser Aufgabe beschäftigt haben." Und an anderer Stelle schrieb er: „Heiterkeit setzt immer einen gewissen Grad von Intimität voraus: nur was uns vertraut ist, was wir genau kennen, kann uns humoristisch stimmen, im Grunde lachen wir eigentlich immer nur über uns selber, über unsere eigenen komischen Möglichkeiten." Friedell nahm sich kurz nach dem „Anschluss" Österreichs durch einen Sprung aus dem Fenster seiner Wohnung das Leben ...

Was uns, wie Sterblichkeit und Tod, so ängstigt, dass wir es tabuisieren, fasziniert zugleich auch, wie alles Tabuisierte. Und wenn wir dem Tod mit Humor begegnen, dann vielleicht deshalb, um ihm durch das Lachen etwas von seiner Macht zu nehmen. Lachen ist menschlich, und der Witz hat eine Ventilfunktion. Schon die spanische Nonne Teresa von Avila meinte, das bisschen Witz und Humor, das in uns stecke, müssten wir herauslassen. Und der französische Pantomime Marcel Marceau verdeutlichte, wie verbindend das Lachen sei: Es gebe kein deutsches, französisches, italienisches oder russisches Lachen, sondern nur das Lachen des Menschen. – Nur des Menschen? Vielleicht verbindet das Lachen sogar Himmel und Erde. Der englische Schriftsteller Gilbert Keith Chesterton schrieb: „Gott hat Humor. Sonst hätte er nicht den Menschen erschaffen!“

Wer über Humor verfügt, ist den Anforderungen des Lebens in der Regel besser gewachsen. Der Friedhofsgärtner beispielsweise, der mir grinsend erzählte: „Ich musste fünf Kränze für eine Beerdigung machen, mit Schleifen. Auf der Grußschleife wollten alle den Text ‘Ruhe sanft’ haben. Das fand ich gut, erspart mir ’ne Menge Arbeit, weil die ja alle einzeln mit Goldfolie geprägt werden. Und – wie ich die fünfte fertig hab’, lese ich, was ich gedruckt habe: ‘Ruhe saft’!“ – Als Anekdote ist das lustig. Hätte er es nicht rechtzeitig entdeckt, und der Fehler wäre erst während der Trauerfeier aufgeflogen ... peinlich, peinlich!

Groß ist die Zahl der Anekdoten zum Thema, der „Dönekes“, wie man im Rheinland sagt: Erlebnisse, die man – nicht ohne rankende Ausschmückungen – in fröhlicher Runde zum Besten gibt. Bestatter und Pfarrer haben schon von Berufs wegen reichhaltige Erfahrung mit dem Tod und meistens auch ein entsprechendes Repertoire an Geschichten: „Da ist mir mal was passiert ... !“ Und dann entwickeln sich die Storys weiter – was einem anderen widerfuhr, deklariert man als selbst erfahren, nach oftmaligem Berichten können Dichtung und Wahrheit nicht mehr auseinander gehalten werden. Was soll’s, wenn die Stückchen munden?

Die Anekdote erzählt Erlebtes oder Erfahrenes, auch Erfundenes, das sich ereignet haben könnte. Der Witz als knappe Beschreibung eines Geschehens oder einer Situation, als Spiel mit der Bedeutung von Wörtern und Sätzen oder auch als bildhafte Darstellung erheitert uns durch „Sinn im Unsinn“, durch

Verbindung von nicht Zusammenpassendem, durch eine überraschende Wendung, durch die ironische Distanz zum menschlichen Schicksal.

Die Kulturhistorikerin Salcia Landmann erklärt die psychologischen Hintergründe, die den Witz zum Witz machen und beruft sich dabei vor allem auf Sigmund Freud. In dessen Methode der Traumanalyse erkennt auch Landmann den Schlüssel zum Verständnis des Witzes: „Traum ist nach Freud im wesentlichen Wunschtraum, Wunscherfüllung. Die Wissenschaft konnte dies deshalb so lange verkennen, weil der Traum die Wunscherfüllung nur in Bildern und oft ganz unverständlich darstellt, zumal dann, wenn es sich um unerlaubte Wünsche handelt. Denn unsere moralischen Hemmungen verfolgen uns bis in den Schlaf und in den Traum hinein. Verdrängtes kann auch der Traum nur indirekt, auf Umwegen aussagen. Daher das merkwürdige Durcheinander aus Wort- und Sinnelementen. Oder die Verdichtung zweier Sinneinheiten zu einer einzigen. Oder der Versuch, eine Sache durch ihr Gegenteil auszusagen. Manchmal läßt der Traum etwas aus – die Lücke kann leer bleiben oder mit einer Ersatzbildung aufgefüllt sein. Der Traum arbeitet ferner mit Denkfehlern, mit Scheinlogik, mit Unifizierungen, Anspielungen, er koppelt auch gern Ungleiches mit einem 'und' zusammen. Die psychoanalytische Aufdeckung des Traumhintergrundes zeigt nun, dass dieses Versteckspiel zwar oft grob und primitiv, zumeist aber doch recht witzig ist. Und zwar reizt es aus zwei Gründen zum Lachen. Zunächst, weil jede Entlastung von Logik erholsam und erheiternd ist. (...) Der zweite, wesentlichere Faktor besteht darin, dass dieses Spiel nur zur Fassade für einen hintergründigen Sinn wird. (...) Witze, die sich mit der geistigen Entlastung durch kindliche Unlogik begnügen, nennt Freud 'harmlose Witze'. Witze jedoch, die mit dieser eigentümlichen Technik verbotene und verdrängte Tendenzen ans Tageslicht reißen, nennt Freud 'tendenziöse Witze'. Und er unterscheidet bei ihnen vier Varianten: 1. Die obszönen Witze. Sie ersetzen die nackte Zote, die in guter Gesellschaft nicht zugelassen ist. 2. Aggressive Witze. Hierher gehören natürlich auch alle politischen Witze. 3. Zynische Witze. Sie attackieren sonst unangefochtene Grundsätze. In ihrer schärfsten Herausforderung sind sie blasphemisch. 4. Skeptische Witze. Sie zweifeln überhaupt jede Möglichkeit der Erkenntnis an, negieren Wahrheitseinsicht also schon an der Wurzel. Um aber wirklich anzukommen, muss ein Witz auf Motiven beruhen, die sowohl dem Erzähler wie dem Zuhörer bekannt, geläufig, und, womöglich, auch wichtig sind. Daher die Eignung der aktuellen Ereignisse für den Witz. Wo man erst lange erklären muss, wird ohnehin eine wesentliche Voraussetzung für die Wirkung des Witzes zerstört: mühelose Rezeption."

Zu welcher Kategorie von Witz gehört wohl der folgende: „Warum ist es sinnvoll, bei einem abstürzenden Flugzeug vorne zu sitzen? – Dann kommt der Getränkewagen noch einmal vorbei ..." Makaber, an der Grenze zwischen „noch akzeptabel" und „geschmacklos". Warum erzählt man so etwas? Mit den Opfern von Flugzeugabstürzen will gewiß niemand tauschen. Aber jeder, der sich auf eine Flugreise begibt, setzt sich diesem Risiko aus. Doch wenn man es schon nicht verdrängen kann, so macht man sich wenigstens darüber lustig, um gleichsam durch eine magische Beschwörung des Negativen das Positive zu erreichen. Schließlich wünscht man einander auch „Hals- und Beinbruch", meint jedoch das Gegenteil.

Der schwäbische Kabarettist Uli Keuler macht darauf aufmerksam, dass Willy Reichert, legendärer schwäbischer Volksschauspieler der dreißiger bis sechziger Jahre, Humorist und Autor, einmal meinte: „Witz", das sei ein punktuelles Phänomen, welches auch Ausdruck geistiger Leere sein könne,

„Humor" hingegen Ausdruck überlegener Weltsicht. Übrigens ordnet Reichert den Witz den Berlinern zu, den Humor den Schwaben. Der Berliner sei schnell und schlagfertig. Zum Humor brauche man Zeit und Ruhe, und die habe nur der Schwabe.

Diese Betrachtung regionaler Eigenarten soll hier nicht vertieft werden. Festzuhalten ist aber, dass Humor sich nicht zwingend im Witze-Erzählen und Gelächter äußern muss, auch wenn „jeder Tod sein Gelächter hat", wie Werner Bergengruen einmal schrieb, der den schwarzen Humor meisterlich beherrschte. Humor kann Ausdruck der Hochachtung vor dem Tod sein: einem so überlegenen Gegner vermag man nur noch mit Humor zu begegnen, Widerstand ist zwecklos. Schon Matthias Claudius, 150 Jahre älter als Bergengruen, hatte sich mit dem Tod, seinem „Freund Hain" arrangiert, er gehörte für ihn zum Leben dazu. In seinem Gedicht „Der Tod und das Mädchen" beschreibt er ihn als sanften, schönen Schlaf:

Das Mädchen: Vorüber! Ach, vorüber!
Geh, wilder Knochenmann!
Ich bin noch jung, geh Lieber!
Und rühre mich nicht an.
Der Tod: Gib deine Hand, du schön und zart Gebild!
Bin Freund, und komme nicht, zu strafen.
Sei guten Muts! Ich bin nicht wild,
Sollst sanft in meinen Armen schlafen!

Wer über den Tod spricht, spricht immer auch über das Leben. Und über das Leben kann man nicht sprechen, ohne den Tod im Blick zu haben. In seinem Buch mit dem bedeutungsschwangeren Titel „Vielleicht war alles umsonst, aber wir hatten ein gutes Gefühl" ist von Klaus Stieglitz (Jahrgang 1960) eine humoristische Betrachtung zu lesen, die im heiteren Gewande Wahres transportiert:

„Das Geheimnis des Lebens

Aus der Sicht eines Betroffenen

Das Leben – plötzlich werden wir hineingeworfen, und schlagartig reißt es uns aus ihm heraus. Sollte es allein schon deshalb unergründlich sein? Im Gegenteil! Das Leben ist längst nicht so geheimnisvoll, wie es immer tut: Fast jeder kommt darin vor, viele haben es sich schon einmal ausgeliehen, einige sogar einfach genommen. Bei genauer Betrachtung erscheint das Leben als etwas ganz Gewöhnliches, ähnlich dem Dasein und der Existenz. Man kann sich dem Leben daher gelassen nähern.

Wie man sich locker und erfolgreich auf das Leben und seine Zeit einstellen kann, davon zeugen die ebenso praktisch wie nachahmenswerten Einsichten des ehemaligen Zeugwarts des Fußballoberligisten FC Alemannia Dieburg. Für den inzwischen 95-jährigen und noch immer rüstigen Erwin Krombholz liegt der Schlüssel zu einem positiven Verlauf des Lebens vor allem im Akzeptieren der Möglichkeiten, die das Leben vor dem einzelnen bereit hält: ‚Ich habe von Anfang an versucht, über die Geburt zum Leben zu finden. Vor jeder Geburt steht es ja null zu null, aber das Leben geht über die volle Distanz, da heißt es fit sein! Der Tod ist bekanntlich der schwerste Gegner, aber auch das Leben sollte man nicht unterschätzen. Bisher habe ich glücklicherweise Hinrundenspiele auswärts bestreiten können und kam, wenn es auch manchmal eng wurde, stets weiter. Alles in allem steht es, würde ich sagen, momentan unentschieden. Und das heißt ja wohl Verlängerung, eventuell noch Elfmeterschießen. Dann kommt unweigerlich das Aus für einen von uns beiden, für mich oder für das Leben.'

Man kann Herrn Krombholz zu dieser Haltung beglückwünschen. Freilich, die unsicherste Bank ist immer der Schiedsrichter, der Mann in Schwarz ...“

Der Dichter hat das Gleiche an anderer Stelle viel kürzer, greifbarer ausgedrückt, in seinem Poem „Ende“:

„Ja, wer wird denn da gleich jammern
und sich an sein Ende klammern?
Einmal kommt der Tag. Und bumm
haut es dich todsicher um.“

Übrigens, 1991 kam Klaus Stieglitz bei einem Flugzeugabsturz ums Leben, dreißigjährig. „Man kann alles überleben“, stellte Oscar Wilde einmal fest, „außer den Tod.“

Wenn meine Stunde schlägt

Sterben – ein einzigartiges Erlebnis

„Mooooment! ... Ich möchte mir noch eine zweite Meinung holen.“ Der Mann dreht sich um zum Weggehen und hält die Rechte abwehrend gegen jenen ausgestreckt, der seine Hand schon auf des Mannes Schulter gelegt hat: Freund Hain.

Der Karikaturist Tomaschoff drückt mit der kleinen Zeichnung aus, was viele Zeitgenossen empfinden: Es kann doch wohl nicht angehen, dass da einfach jemand daher kommt und unwiderruflich bestimmen darf, dass wir jetzt dran sind. Da muss es doch Diskussionen geben, Gutachten, Gegengutachten, Einsprüche, all das, was wir sonst so im Leben anstellen. Wer Schuhe kaufen will, nimmt ja auch nicht das erste Paar. Und wenn die Werkstatt meint, der Motor sei hin, erwägen wir vielleicht, die Meinung eines zweiten Technikers einzuholen, bevor wir eine so große Investition tätigen.

Goethes Mutter, die Frau Rat Goethe, ging das Sterben jedenfalls noch mit der ihr eigenen Vornehmheit an. Es wird überliefert: Als die Dame im Sterben lag, läutete jemand, der sie besuchen wollte. Das Hausmädchen wurde vorgeschickt und sollte ausrichten: „Die Frau Rat lässt sich entschuldigen. Sie hat keine Zeit, sie muss jetzt sterben.“

Meine zwölfjährige Tochter Theresia hat in ihrem jugendlichen Leichtsinn den Ernst dieses Vorgangs noch nicht begriffen. Denn ob man sie auffordert, Hausaufgaben zu machen, ihr Zimmer aufzuräumen oder ein Brot kaufen zu gehen, immer klagt sie: „Ich sterbe!"

Irgendwann ist der Tod wirklich da. Und dann? Dann beginnt sich das ganze Karussell der Aktivitäten zu drehen: der Pfarrer wird gerufen, die Angehörigen wissen nicht, was sie tun sollen, der Bestatter vollzieht diskret und routiniert seine Arbeit, die Nachbarn sammeln für einen Kranz. Aber der Sterbende? Ja, der Sterbende empfindet an Leib und Seele, dass es etwas anderes ist, über „den" Tod zu sprechen, als den eigenen Tod zu erleben – oder eigentlich, zu „ersterben".

Das Wissen um die begrenzte Lebenszeit hat stets die Phantasie beflügelt. Bei der bekannten Frage, was man auf eine einsame Insel mitnehmen würde, geht es darum, sich angesichts der Fülle von Gegenständen und Belanglosigkeiten, die uns alltäglich umgeben, wieder bewusst zu machen, welche Dinge, Lektüre, Musik für uns wirklich unverzichtbar sind. Ähnlich zielt die Frage: Was würdest du tun, wenn du nur noch einen Tag zu leben hättest? Was wäre dir dann noch wichtig?

„Memento mori!" ließ man sich früher selbstverständlich ermahnen und dekorierte Uhren mit Sensenmännchen: „Gedenke, dass du sterblich bist". Oder sinngemäß: „Lebe jeden Tag so, als wenn es dein erster und dein letzter wäre, vergeude deine Zeit nicht für Unwesentliches und bringe in Ordnung, was in Ordnung gebracht werden muss."

Wohin aber führt einen die Erkenntnis der Sterblichkeit? Wenn ohnehin alles ein Ende nimmt, wozu soll man dann überhaupt anstreben, den nächsten Tag zu erleben, was soll man dann buchstäblich noch anfangen? Der Philosoph Emile Cioran meinte, man müsse schon den Grundschulkindern beibringen, dass sie ein Recht auf den Suizid hätten. Aber auch der andere Schluss ließe sich ziehen: Wenn unsere Zeit begrenzt ist, wieso nutzt man das Leben dann nicht ausschließlich zum Vergnügen? – So oder so: Schulaufgaben, Spülen oder Steuerklärungen wären demnach sinnlose Zeitverschwendung. Und dennoch verplempern wir unsere Lebenszeit für dergleichen. Warum?

Vielleicht ist das tägliche Denken an den Tod und die Sterblichkeit einfach nur mühsam. Achselzuckend winken wir ab: Dass Menschen sterben, das wissen wir doch längst. Dass wir selbst einmal sterben, wissen wir auch, aber bis dahin dürfte es doch noch lange hin sein, also bitte nicht jetzt, es geht jetzt nicht, ich habe Wichtigeres zu tun, außerdem kann das doch nicht angehen, daß es ausgerechnet jemanden, der so unersetzlich ist wie ich, einfach mitten heraus reißt, ohne vorherige Terminvereinbarung.

Wenn wir unsere Bedeutung da mal bloß nicht überschätzen. Bertolt Brechts kleine Lektion hierzu trägt den Titel „Bei der Nachricht von der Erkrankung eines mächtigen Staatsmannes“:

Wenn der unentbehrliche Mann die Stirn runzelt
Wanken zwei Weltreiche.
Wenn der unentbehrliche Mann stirbt
Schaut die Welt sich um wie eine Mutter,
die keine Milch für ihr Kind hat.
Wenn der unentbehrliche Mann eine Woche
nach seinem Tod zurückkehrte
Fände man im ganzen Reich für ihn
nicht mehr die Stelle eines Portiers.

Der Liedermacher Gerhard Schöne singt von Menschen, die sich nicht mehr freuen, nicht mehr ärgern, nicht mehr staunen, ihre ausgetretenen Pfade nicht mehr verlassen wollen, nur noch funktionieren, und dabei gar nicht merken, dass sie eigentlich schon tot sind, seit sie aufgehört haben, wirklich zu leben:

Manchmal ist man nicht erst tot,
wenn das Herz hört auf zu schlagen,
wenn sie einen auf der Bahre in den Kühlraum tragen,
nicht erst, wenn die Hand das letzte Mal ins Leere greift,
nicht erst, wenn 'ne Schaufel Erde auf den
Sargdeckel knallt.
Vielleicht ist man längst schon tot, obwohl man
noch spazieren geht,
eigentlich schon unterm Rasen, obwohl man
noch Rasen mäht,
an der Fernbedienung spielt, sich mit Sonnenöl einreibt,
noch Geburtstagskarten kriegt und
selbst Geburtstagskarten schreibt.

Nur noch leere Muschel, nur noch schöner Schein.
Ist das nicht das Schlimmste: lebendig tot zu sein?

Manchmal kann es ganz schnell gehen,
wenn der Aufstieg nur noch zählt,
wenn man etwas sagen müsste,
aber doch die Schnauze hält.
Katastrophenmeldung, Lottozahlen, Actionfilm anguckt
und das Ganze unverdaut mit einem Bierchen
runterschluckt.
Manchmal stirbt man, wenn man völlig arglos
eine Fliege quält.
Manchmal stirbt man, wenn man grinsend
einen Judenwitz erzählt.
Manchmal stirbt man, weil die Watte einem aus den
Ohren quillt,

Manchmal stirbt man daran, dass man immer seine Pflicht erfüllt.

Wenn man mitkriegt, dass man tot ist,
muss man laut um Hilfe schrein,
manchmal haucht dann Gott persönlich
einem noch mal Leben ein.
Manchmal schickt er einen Engel,
der die Herzmassage macht,
bis die Tränen wieder fließen und das Herz im Leibe lacht.
Oh, das ist das größte Wunder, wenn ein Toter aufersteht,
wenn die Leichenstarre endet und in Leben übergeht,
wenn die Brust vor Schmerz und Freude, Glück und Trauer wieder bebt,
wenn die Augen wieder schauen und
das Antlitz wieder lebt.

Sanfte, weiche Muschel, heller Lichterschein.
Ist das nicht das Größte: Vom Tod erwacht zu sein?

Die Erziehungswissenschaftlerin Marianne Gronemeyer hat in ihrem Buch „Das Leben als letzte Gelegenheit" über Sicherheitsbedürfnisse und Zeitknappheit des modernen Menschen nachgedacht. Sie stellt über ihn fest: „Als ein Lebewesen mit einer begrenzten Lebensspanne sieht er sich einer verlockenden Fülle von Weltmöglichkeiten gegenüber. Die Kluft zwischen Lebenszeit und Weltmöglichkeit ist so tief beunruhigend, dass er darüber in Panik zu geraten droht. Angesichts des Überangebots an Welt erfährt er seine Zeitknappheit erst recht quälend und die Angst, das Meiste, das Wichtigste oder das Beste zu versäumen, wird zum peinigenden Grundgefühl des Lebens. Von immer mehr Weltdingen wird seine Begehrlichkeit angestachelt, immer mehr Möglichkeiten sind in der Reichweite seines Zugriffs, und immer ungünstiger gestaltet sich die Bilanz zwischen den ergriffenen und den versäumten Gelegenheiten. ... Die Welt ist jedoch nicht zu schaffen, das muss auch der auf Hochtouren gebrachte Zeitgenosse einsehen, aber dadurch wird er nicht entmutigt, solange Aussicht besteht, dass er durch eine weitere Erhöhung seines Lebenstempos die Weltausbeute vergrößern und sein Lebenskapital aufstocken kann. Es geht um die Trendwende in der Bilanz: Die genutzten Gelegenheiten sollen die verpassten in den Schatten stellen."

Passend stellt das eine Karikatur von Uli Stein dar. Der Tod spricht einen sehr beschäftigten Computerfreak an, der am Bildschirm sitzt: „Wenn es gerade ungelegen ist – besuchen Sie doch heute Abend mal meine Homepage www.sie-sind-dran.de".

„Sterben ist nicht schlimm, bloß fühlt man sich am nächsten Tag ganz kaputt", sagt die Volksweisheit. Und Achims Oma stellte fest, wenn jemand in hohem Alter verschied: „Dafür kann man nicht mehr die Hebamme verantwortlich machen." Aber die Ärzte sind oft Zielscheibe des Galgenhumors, jene Menschen also, die nicht selten Herren oder Herrinnen über Leben und Tod sind: „Herr Schneider, glauben Sie an ein Leben nach der Narkose?", fragt der Arzt den Patienten. Der wird bestimmt voller Optimismus in die Operation gehen.

Der Mann kommt von der Untersuchung nach Hause. Die Diagnose: Ihm bleiben noch zwölf Stunden zum Leben. In seiner letzten Nacht, so wünscht er sich, möge die Post abgehen! Mit seiner Frau amüsiert er sich im Ehebett, Sex bis zum Umfallen.

Irgendwann keucht die Frau erschöpft: „Ich kann nicht mehr!"

„Ach komm, ein Mal noch", bettelt der Todgeweihte.

„Du hast gut reden“, wehrt die Frau ab, „du musst ja morgen früh nicht aufstehen.“

In einer Variante nimmt die Ausgangssituation eine andere Wendung: Der Mann erkundigt sich, was die Untersuchung ergeben habe. Der Arzt räuspert sich: „Die Untersuchung hat ergeben, dass Sie nur noch zwölf Stunden zu leben haben. Nur – leider – ich versuche seit elf Stunden, Sie zu erreichen ...“

Jaja, immer auf die Ärzte. Etwas pikiert war damals Christina, eine Kommilitonin in Tübingen. Christina studierte Medizin, und ich fragte sie, ob sie diesen Witz kenne: Der Doktor wird zum Sterbenden gerufen. Es verzögert sich ein bisschen, bis er endlich ankommt. Doch dann öffnet man ihm die Tür mit betretener Miene: „Herr Doktor, mein Mann ist tot. Sie kommen umsonst!“ Der Arzt reagiert missmutig: „Vielleicht komme ich vergebens, aber bestimmt nicht umsonst!“

Der Philosoph Günther Anders berichtet einmal von einem Besuch bei einem unheilbar Kranken in einem kalifornischen Hospital.

„Auf meine Frage ‚how are you?‘ machte er eine Geste, die nicht nur das Krankenzimmer, sondern die ganze Menschheit einzuschließen schien, und murmelte etwas wie: ‚Mit uns ist nicht viel los, mit keinem von uns.‘ Meine Frage, was er damit meine, beantwortete er zuerst mit Achselzucken, so als verstünde sich die Antwort von selber; dann mit der rhetorischen Gegenfrage: ‚Well ... can they preserve us?‘ – Das Wort ‚they‘ bezog sich auf die Ärzte; ‚preserve‘ sind eingekochte Früchte. – ‚Können sie uns vielleicht einmachen?‘, meinte er.

Ich verneinte.

‚And‘, fuhr er fort, ‚spare men they haven’t got either.‘

‚Spare men?‘, fragte ich verständnislos.

‚Well‘, erläuterte er, ‚don’t we have spare things for everything?‘

Nun begriff ich. ‚Spare men‘ hatte er in Analogie gebildet,

etwa zu ‚spare tires' (Ersatzreifen) oder ‚spare bulbs' (Ersatzbirnen). ‚Und Ersatzmänner für unser Leben haben sie eben auch nicht auf Lager', hatte er also gemeint. Eine andere Glühbirne gewissermaßen, die man, wenn er verlöschte, an seiner Statt würde einschrauben können.

Seine letzten Worte aber lauteten: ‚Isn't it a shame?'"

Wenn die Medizin nichts mehr ausrichten kann, muss die Religion ran. Klassische Versehgänge mit Kommunion, Lebensbeichte und Reisesegen für die Ewigkeit sind ja selten geworden in unserer Epoche abnehmender Kirchenbindung. Aber auch früher war der Pfarrer nicht immer willkommen. Sein Erscheinen kündigte den Tod an. Übrigens: Die Salbung, die er spendet, heißt heute offiziell Krankensalbung und kann jedem ernsthaft Erkrankten gespendet werden, gleich welchen Alters und auch, wenn nicht unmittelbar der Tod droht. Den altertümlichen Namen „Letzte Ölung" hat dieses Sakrament aber nicht recht abstreifen können.

Und als nach dem Fressgelage im Kloster der erste Mönch vom Schlag gerührt unter den Tisch sinkt, der Abt nach dem heiligen Öl ruft, rappelt sich der Sieche auf dem Boden noch einmal auf und winselt: „Bitte jetzt nichts Fettes mehr!"

Wohin es am Ende geht? Wer weiß es. Mancher weiß nur, wohin er nicht möchte: Als der Priester im Rheinland den Sterbenden tröstet, die Engel würden ihn in ein wunderschönes Land bringen, wo Milch und Honig fließen, schließt der Mensch auf dem Sterbebett beruhigt die Augen: „Ist mir alles recht, Herr Pastor, wenn es nur nicht das Westfalenland ist!"

Aber einmal soll sich einer aufgeregt haben, während der Geistliche betete, nun möge er ins Paradies eingehen: „Still! Ein Leben lang bin ich bevormundet worden. Nun will ich endlich selbst entscheiden, wohin ich gehe!"

Von dienstbeflissenen Geistlichen erzählt auch ein alter Tünnes-&-Schäl-Witz. Die beiden Originale lungerten mal wieder auf der Straße herum, genau gegenüber einem stadtbekannten Etablissement.

Da sehen sie, wie der Rabbiner im Freudenhaus verschwindet: „Die Juden, diese Heuchler!“

Da sehen sie, wie der evangelische Pfarrer rasch ins Haus der Sünde eintritt: „Schau dir die Protestanten an, diese Ferkel!“

Schließlich sehen sie, wie der katholische Priester die Schwelle zum Bordell überschreitet: „Da wird doch wohl niemand gestorben sein?“ –

Verbürgt ist die Geschichte, dass einmal ein Pariser Kardinal im Bett seiner Mätresse den letzten Atemzug tat. Wer wollte dem Kirchenfürsten nicht einen so angenehmen Übergang gönnen? Für seine Schäfchen war es allerdings nicht einfach, diese Situation zu meistern.

Ach, Pfarrer sein ist kein Zuckerschlecken. Nachts zu einem Sterbenden gerufen zu werden, wer kann sich nicht etwas Angenehmeres vorstellen! – Als Hochwürden zum dritten Mal kommen muss, weil es dem Huberbauern noch immer nicht zum Loslassen reicht und er wieder und wieder Anweisungen gibt fürs Erbe, bestimmt er: „Huber! Nun wird erst einmal gestorben. Und dann sehen wir weiter!“

In einer irischen Weihnachtsgeschichte von John B. Keane beschützt die Haushälterin ihren geistlichen Herrn, der in einer verregneten Nacht herausgerufen wird: Wer während der zwölf Heiligen Nächte stirbt, komme geradewegs in den Himmel, wimmelt sie die Bittsteller ab, die zufrieden abziehen. – Und siehe: der alte Herr, der eben noch zu sterben vorhatte, ging dann im Januar schon wieder zum Tanz.

Wer während der zwölf Heiligen Nächte Wäsche wäscht, muss im kommenden Jahr einen Toten waschen – so lautet ein Volksaberglaube aus dem Schwäbischen. Bei einem Ehepaar wohnte im selben Haus eine Nachbarin, die sich davon nicht beeindrucken ließ und zwischen den Jahren ihre frisch gewaschenen Laken zum Trocknen heraushängte. Einige Wochen später starb der Mann. Die Witwe klingelte bei der Nachbarin Sturm und fuhr sie an: „Sie haben meinen Mann zum Haus hinausgewaschen!“

Einen unschönen Abschied hat auch der sterbende Moische. Seine Söhne sitzen um das Bett herum, als der Alte plötzliche schnuppert und mit gebrochener Stimme zu seinem Ältesten sagt: „Die Mamme backt ihren wunderbaren Apfelstrudel. Sei so gut, hole mir ein Stückchen. Das will ich noch verzehren und dann meinen letzten Weg gehen zum Allmächtigen!“ Der Sohn geht wie befohlen in die Küche und kehrt mit leeren Händen zurück: „Vom Kuchen bekommst du nichts; die Mamme sagt, er ist für nach der Beerdigung.“ – Keine Lüste für den Leib, dafür Schmach für die Seele!

„Entre le corps et l'âme la frontière est incertaine“ – „Die Grenze zwischen Leib und Seele ist ungewiss“; diese Erkenntnis stellt der flämische Schriftsteller Ernest Claes seiner Erzählung „Das Leben und der Tod des Victalis van Gille“ voran. In der Geschichte geht es um einen geradezu idealen Todesfall, ein bewusstes, akzeptiertes Abschiednehmen aus den Dimensionen von Raum und Zeit, gesellschaftlich geordnet, religiös verankert. Alles hat seinen Platz, jeder weiß, was er zu tun hat. Und das Schönste: Victalis darf gehen, nachdem er mit seinem besten Freund eine letzte Nacht durchgezecht hat. Beneidenswert, oder?

„An einem Vormittag im Mai. Victalis ist jetzt tot. Tot, wie man es nur sein kann, wenn man durchaus und ganz gewiss tot ist. Gestern war er noch ‚Victalis', heute ist er ‚der Tote', das will sagen, dass von dem früheren Victalis jetzt nicht anderes mehr übrig blieb als das, was man die ‚sterblichen Reste' nennt, die alle Kennzeichen des Zustandes oder des Stadiums ‚gestorben' tragen, des zweiten Stadiums der Wesenheit

‚Victalis'. Und viel ist das nicht. Die Tatsache wird zuerst von seiner Tochter Clémence festgestellt. Diese sitzt auf einem Stuhl neben dem Bett und schält die Kartoffeln für das Mittagessen. Und sie denkt dabei vermutlich an ganz andere Dinge. Mit einmal blickt sie zur Seite, zu ihres Vaters Kopf hinüber. Sie lässt die Kartoffel mit der sich windenden Schale in das Körbchen auf ihren Schoß fallen, ohne besonders zu erschrecken. Dann legt sie das kleine Messer auf das Tischchen neben am Kopfende des Bettes, setzt das Körbchen auf den Fußboden und sagt ganz laut: ‚Er ist tot!', während sie vom Stuhl aufsteht. Sie sagt das zu niemandem, weil niemand hier in der Stube ist außer dem toten Victalis, und der ist in diesem Augenblick auch niemand."

Welch friedliches Sterben! Ohne Angst, ohne Panik, ohne die Qual unwiderruflichen Verlustes – eher im Vertrauen, etwas gewonnen zu haben! Wer seinen Tod bejaht und annimmt, auch nach langem Kämpfen, hat vielleicht die größte Herausforderung seines Daseins gemeistert. Und alle anderen spüren wohl, was da noch auf jeden zukommt. Der Wiener Liedermacher Ludwig Hirsch beschreibt das Annehmen in dem Lied „Komm großer schwarzer Vogel" so:

Komm großer schwarzer Vogel, komm jetzt!
Schau, das Fenster ist weit offen,
schau, ich hab' Dir Zucker auf's Fensterbrett g'straht.

Komm großer schwarzer Vogel, komm zu mir!
Spann' Deine weiten, sanften Flügel aus
und leg' s' auf meine Fieberaugen!
Bitte, hol' mich weg von da!
Und dann fliegen wir rauf,
mitten in Himmel rein,
in a neue Zeit, in a neue Welt,

und ich werd' singen, ich werd' lachen,
ich werd' „das gibt's net", schrei'n,
weil ich werd' auf einmal kapieren,
worum sich alles dreht.

Komm großer schwarzer Vogel, hilf mir doch!
Preß' Deinen feuchten, kalten Schnabel
auf meine wunde, auf meine heiße Stirn!
Komm großer schwarzer Vogel,
jetzt wär's grad günstig!
Die anderen da im Zimmer schlafen fest
und wenn wir ganz leise sind,
hört uns die Schwester nicht!
Bitte, hol mich weg von da!

Ja, großer schwarzer Vogel, endlich!
Ich hab' Dich gar nicht reinkommen g'hört,
wie lautlos Du fliegst,
mein Gott, wie schön Du bist!

Auf geht's, großer schwarzer Vogel, auf geht's!
Baba, ihr meine Lieben daham!
Du, mein Mädel, und du, Mama, baba!
Bitte, vergeßt's mich nicht!

Auf geht's, mitten in den Himmel eine,
nicht traurig sein, na, na, na,
ist kein Grund zum Traurigsein!
Ich werd' singen, ich werd' lachen,
ich werd' „das gibt's net", schrei'n.
Ich werd' endlich kapieren,
ich werd' endlich glücklich sein!

Lebensmüde im wahrsten Sinne war die etwa siebzigjährige Frau, als ich sie kennen lernte. Die Alte sprach vom Wunsch zu sterben, aber die Tochter (eine Mittvierzigerin) meinte, die Mutter vergehe nicht, wie Unkraut, und fügte derb-scherzhaft hinzu, man werde sie wohl einmal erschießen müssen. Fünfzehn Jahre später, nach einem Schlaganfall, eröffnete sich für die Frau die Chance, dass ihr einstiger Sterbewunsch sich erfüllte. Aber auf einmal wollte sie nicht mehr abtreten. Nun war ihre größte Sorge, von der Tochter ins Altenheim gesteckt zu werden. Immer wieder versicherte die Tochter ihrer Mutter, sie dürfe zu Hause bleiben, für immer. Die Mutter blieb skeptisch: „Und wenn du mal nicht mehr bist?"

Wie auch den Zurückbleibenden mit dem Tod noch etwas gegeben werden kann, davon erzählt Liliane Giudice. Sie berichtet von drei Heiligen aus einem asiatischen Land, die immerzu lachten. Wo sie auch hinkamen, lachten sie, und das tat allen gut, denen sie begegneten: Auf dem Marktplatz begann jeder zu lachen, wenn die drei kamen, man vergaß Kummer und Geschäfte, Sorgen und Hunger, man lachte mit, ließ sich anstecken und für eine gewisse Zeit verzaubern. Als nun einer der Heiligen starb, dachten die Leute, die beiden anderen müssten weinen. Aber sie lachten weiter. Das war befremdlich! Obendrein hatte der tote Heilige verfügt, man solle ihn in den Kleidern, die er am Leib trug, verbrennen, ihn auch nicht waschen, wie es Sitte war. Diese Verstöße gegen die Tradition fanden die Leute dann nicht mehr lustig. Als man den Leichnam auf den Scheiterhaufen bettete und ihn entzündete, flammte ein buntes Feuerwerk auf: unter seinen Kleidern hatte der Heilige Feuerwerkskörper verborgen gehalten. Und das ganze Dorf lachte und tanzte und freute sich des Lebens.

Wie rührend, über den eigenen Tod hinaus an die anderen zu denken. Aber was in dieser märchenhaften Legende vorkommt, spielt sich tagtäglich an Sterbebetten ab: dass nämlich diejenigen, die Abschied nehmen, jene trösten, die zurück bleiben. Dennoch, mit der Fürsorge kann man es auch übertreiben. Der niederländische Poet Hermann van Veen meinte einmal über seine Mutter, eine Frau, die immer für andere da ist, auf ihrem Grabstein werde einmal zu lesen sein: „Ich liege hier, aber nicht für mich“.

Sich einen schönen Tod zu wünschen ist kein Egoismus. Aber was ist ein schöner Tod? Ein schneller, der überraschend kommt? Ist das Wichtigste die Schmerzfreiheit? Oder kann nicht gerade das bewusste Erleben des Sterbens von Qualität sein?

Wer kann schon sagen, wie es werden wird am Tag X? Niemand. Aber wünschen darf man sich was. Reinhard Mey hat das so schön besungen in seinem Chanson „Eh meine Stunde schlägt“:

„Eh meine Stunde schlägt,
möchte ich mit meinen liebsten Freunden
noch einmal um jenen Tisch versammelt sein,
der in tiefen Kerben unsere Namen trägt.
Und mit ihnen will ich trinken bis unsere Augen sehn,
wie in der vertrauten Stube drei Barken vor Anker gehn.
Und auf jeder sollen hundert gute Musikanten stehn
und die Wassermusik spielen und das Herz wird
mir aufgehn,
eh das erste Schiff mit mir an Bord vom Lebenskai ablegt,
wenn meine Stunde schlägt.

Eh meine Stunde schlägt
würde ich doch zu gern alles aufschreiben,
was an Herzblut mir noch bleibt in ein paar Zeilen,
all das Ungesagte, was sich in mir regt.
Doch für meine letzten Verse will ich einen Pegasus,

einen Gaul, der statt vier Hufen vier Raketen haben muss.
Und auf seinem Rücken steig ich endlos schwerelos
und frei
auf zum letzten Höheflug und mit nicht weniger als
Mach Drei
will ich, dass er mich mit Donner bis ins Fegefeuer trägt,
wenn meine Stunde schlägt.

Eh meine Stunde schlägt
möchte ich die Stürme noch erleben,
die zur Tag- und Nachtgleiche im Herbst in den
Bäumen drehen,
dass es mich seltsam bewegt,
und an einem Sommermorgen noch aus einem Korb
im Frei'n
Brot und Schinken mit dir teilen, Früchte auch
und Frankenwein.
Dann will ich bei dir einschlafen, dort im Gras und
dann will ich
nur noch die Erinnerung an Walderdbeeren und an dich,
wenn Vergessen sich allmählich über meine Sinne legt,
wenn meine Stunde schlägt."

Da bekommt man richtig Lust aufs Sterben! Doch es gibt auch weniger anspruchsvolle Schlussakkorde, die schön sind. Bescheiden – aber nicht weniger romantisch – ist, was sich Jan Skácel für sein Ende wünscht: „Wenn ich einmal sterben muss, hole ich mir den Tod mit der Lokalbahn, die von Heinrichsburg nach Neuwildenbrunn fährt. Es wird Anfang August sein, Heilig-Anna, der Morgen wird kühl sein, und zu dunkeln beginnen wird es erst um acht Uhr abends. Das heißt, ich werde gleich nach dem Mittagessen losfahren können und noch bei Tageslicht ankommen. Vorausgesetzt, sie haben seit der Zeit, als ich das letzte Mal gefahren bin, den Fahrplan nicht geändert. Wenn doch, wäre das schade, und ich würde nicht fahren ..."

Welch altmodisches Vergnügen! Günther Anders schreibt in seinem Essay über „Die Antiquiertheit des Sterbens", welchen Segen die Moderne bereit hält: „In der Intensivstation der molussischen Stadt Vaslegas [ein Phantasieort, Symbol der Verrücktheiten unserer heutigen Welt; G.S.] sind die Apparate an sound tapes angeschlossen, die – man klage nicht über Gemüts- oder Kulturlosigkeit unseres Zeitalters – im Augenblick des eintretenden Todes automatisch die ersten fünf Takte des Chopin'schen Trauermarsches auftönen lassen."

Vor diesem Hintergrund jedoch erhält das Bonmot von Woody Allen wiederum eine besondere Note: „Ich habe keine Angst vor dem Sterben. Ich will nur nicht dabei sein, wenn es passiert."

Sie warf nicht Blumen ins Grab, sondern sich selber

Eine reiz-volle Veranstaltung: Die Beerdigung

„Fritzchen! Wo warst du gestern?", fragt der Lehrer.

„Ich konnte nicht kommen. Mein Opa ist gestorben."

„Aber den habe ich doch heute früh noch gesehen, wie er zum Fenster rausguckte."

„Ja", gibt Fritzchen zu, „den lassen wir da noch bis zum Monatsersten stehen, wegen der Rente."

Na, na! Unlautere Leistungserschleichung in Tateinheit mit Verstoß gegen die Bestattungsverordnung: binnen 48 Stunden muss nämlich ein Leichnam aus dem häuslichen Bereich überführt werden und hat dann im Kühlraum bis zur Bestattung bzw. Kremierung auszuharren.

Galt die Verbrennung eines Toten früher als heidnisch, trat sie mit Beginn des 20. Jahrhunderts doch ihren Siegeszug an. Heutzutage wird etwa ein Drittel aller Verstorbenen eingeäschert. Protestantische Gegenden führten sie schneller ein als katholische, doch mit der Zeit sind die konfessionellen Unterschiede unerheblich geworden. Auffällig ist allerdings ein noch höherer Zuspruch zur Einäscherung bei nicht kirchlich gebundenen Personen, außerdem werden doppelt so viele Tote aus der Stadt verbrannt wie vom Lande.

Eine Frau wollte für ihren Mann ausdrücklich eine gläserne

Urne. Begründung: „Er hat immer so gern zum Fenster rausgeschaut.“ Und im sparsamen Schwaben hieß es früher, als Kurzzeitchronometer noch mit rinnendem Sand funktionierten, die kremierte Oma werde in die Eieruhr kommen: „Die muss schaffe!“ Das ist noch die harmlose Variante; in der bösen kommt sie als Streugut in den Eimer, fürs nächste Glatteis.

Wer aber so spricht, weiß kaum, was von einem verbrannten Menschen tatsächlich übrig bleibt: ein Haufen Knochen. Größere Metallteile wie Hüftgelenksprothesen oder Sargbeschläge werden nach der Kremierung aussortiert, kleinere wie Zahnfüllungen nicht. Übrigens, Herzschrittmacher müssen vor der Einäscherung entfernt werden, da sie beim Verbrennen explodieren können. – Der Rest kommt in eine Mühle, die das Ganze in grobe Stücke zerkleinert. Wer einmal eine Urne geschüttelt hat, meint eine Sammelbüchse der Heilsarmee scheppern zu hören. Deswegen sind auch die Sorgen der Kölner Kirchenzeitung unbegründet. Als man im Düsseldorfer Landtag diskutierte, den Bestattungszwang für Urnen aufzuheben, titelte sie besorgt: „Omas Asche als Halsschmuck?“

Jene Urnen übrigens, die man für Seebestattungen verwendet, sind heute aus einem Material hergestellt, das sich im Wasser zersetzt. Ob das dann wohl den Effekt hat, den Christian Morgenstern sich ausmalt:

Denkmalswunsch
Setze mir ein Denkmal, cher,
ganz aus Zucker, tief im Meer.
Ein Süßwassersee, zwar kurz,
werd ich dann nach meinem Sturz;
doch so lang, daß Fische, hundert,
nehmen einen Schluck verwundert. –
Diese isst in Hamburg und
Bremen dann des Menschen Mund.

Wiederum in eure Kreise
komm ich so auf gute Weise,
während, werd ich Stein und Erz,
nur ein Vogel seinen Sterz
oder gar ein Mensch von Wert
seinen Witz auf mich entleert.

Die Seebestattung erspart in der Tat den Hinterbliebenen das Schrubben eines Grabmals ... Früher kam es freilich nicht selten vor, dass eine Urne, die in der Nord- oder Ostsee versenkt worden war, am Strand angespült wurde, als hätte das Meer die sterblichen Überreste nicht bei sich behalten wollen: „Da bin ich wieder!" Diese Zeiten sind dank der wasserlöslichen Urnen inzwischen vorbei.

Vorbei auch die Zeiten, als Grüne noch so richtig grün waren. Damals, in den achtziger Jahren, machte der Kalauer die Runde, ein richtiger Grüner würde sich am Ende kompostieren lassen. Gehe aber nicht, wegen der Umweltgifte in Haut, Haar und Leber.

Die Beerdigung – das ist immer noch die Stunde der Kirche. Auch Menschen, die jahrzehntelang keinen Kontakt zu ihr pflegten, nehmen in diesem Fall doch die Dienste der Institution in Anspruch. Ob sich dafür ein lebenslanges Zahlen von Kirchensteuer lohnt, mag dahin gestellt sein. Nebenbei: Auch die alternativen freien Trauerredner bieten professionelle Verabschiedungszeremonien an. Aber, das muss ich zugeben als einer, der das selbst fünf Jahre lang gemacht hat: Ihnen fehlt doch das „gewisse Extra", das ein katholischer Priester zu bieten vermag: Kreuz, Weihrauch, Weihwasser und standardisierte Worte.

Als Kind habe ich Beerdigungen geliebt, denn ich war Messdiener. Der Pfarrer kam mindestens einmal in der Woche in die Grundschule, steckte den Kopf zur Tür herein und bat um zwei Jungs. Wir waren dann vom Unterricht freigestellt, zum Ministrieren, bekamen anschließend noch eine Mark Trinkgeld und vollzogen den Rückweg von der Kirche zur Schule im Schneckentempo. Als junger Erwachsener leistete ich ein Jahr lang ein Gemeindepraktikum ab, während dessen ich bestimmt fünfzig Mal den Pfarrer zum Friedhof begleitete. Auf dem Weg dorthin war er so ausgelassen wie sonst nie, gab Witze zum Besten und erzählte von früher: dass man beispielsweise im Priesterseminar sommers nur in Badehose unterm Talar ging, oder wie seine Kollegen ihn bei seiner ersten Probepredigt neckten, indem sie – ihm gegenüber auf der Orgelempore, aber der Gemeinde unsichtbar – mit der Klobürste herumfuchtelten. Sobald aber die Tür zur Kapelle geöffnet wurde und wir zu getragener Musik gemessenen Schrittes einzogen, war er wieder der unnahbare Geistliche.

Er hielt sich streng an die Vorschrift, ans Ritual, wo jedes Wort vorgegeben ist. In den Gebeten heißt es dann (unter „N.N. soll der Name eingesetzt werden): „Wir bitten für deine Dienerin/deinen Diener N.N." – und das bei jedem. Manchmal hat man die Trauergemeinde bitter grinsen sehen: die kannten ja die Toten, diese Dienerinnen und Diener vor dem Herrn, die nun vor Gottes Angesicht traten, nur zu gut.

Die Ritualisierung hat freilich ihr Gutes. Vor der ersten Beerdigung, an der sie teilnimmt, fragt die ins Dorf Neuzugezogene eine Alteingesessene: „Weint man hier schon im Trauerhaus oder erst am Grab?"

Der Volkskundler Hermann Bausinger erklärt dazu: „Die Frage erscheint komisch, ja grotesk für denjenigen, der das Weinen als elementarsten und individuellsten Gefühlsausbruch versteht; sie ist aber gewissermaßen historisch richtig und gibt nur wieder, was sich noch heute gelegentlich bei Beerdigungen beobachten lässt: eine weitgehende Vereinheitlichung der Gefühlsreaktionen, eine Abstimmung dieser Reaktionen nach herkömmlichen ungeschriebenen Vorschriften. Der Vorgang ist, wie schon bei den Klageweibern in einigen archaischen Gesellschaften, gewiss nicht der, dass hier das Weinen lediglich gespielt, prätendiert wird; vielmehr wird hier nur besonders deutlich, dass eben auch die Gefühlsregungen gesellschaftlich vermittelt und in diesem Fall strikt normiert sind."

Bausinger schildert auch den Fall eines Dorfes, dessen Traditionen durch den massenhaften Fremdenverkehr in Unordnung geraten waren. Folge: die Leute wussten am Grab nicht mehr, wo sie stehen und was sie machen sollten. Zwar sind auch strikt normierte Bräuche einem allmählichen Wandel unterworfen, doch gerade in der Konfrontation mit dem Tod ist die Furcht vor dem Verlust der Gewohnheiten, Rituale und Traditionen, in denen man Geborgenheit und Trost findet, besonders groß. Ich selbst habe immer wieder Hinterbliebene gefragt, ob sie bei der Gestaltung der Trauerfeier aktiv werden wollten. Von wenigen Ausnahmen abgesehen – Gedicht aufsagen, Grußwort sprechen, Kerze anzünden oder Blume auf den Sarg legen – wurde dieses Angebot stets abgelehnt. Man fühlt sich in der Beerdingungssituation unfähig, etwas zu sagen oder zu tun. Man ist passiv, lässt sich vorreden, lässt geschehen.

Auf dem Friedhof sind in unseren Breiten getragene Musik, gemessener Schritt, gedeckte Farben Brauch. Als 1994 in Aachen eine afrikanische Asylbewerberin gestorben war und beerdigt wurde, veranstalteten ihre Familie, die Freundinnen und Freunde ein Fest auf dem Friedhof: Man stemmte den Sarg in die Höhe, tanzte rhythmisch, sang laute Lieder, und das alles in bunten Kleidern. Folge: Ein Bußgeld der Stadtverwaltung wegen Verstoßes gegen die kommunale Bestattungsverordnung. Die als „Aachener Traueraffäre" in die Annalen eingegangene Angelegenheit mag auf den ersten Blick kein Paradebeispiel für gelungene Interkulturalität sein, aber in einem Bereich, wo, wie Hermann Bausingers Beispiel belegt, der Verlust von Bräuchen und das Abweichen von Ritualen eine so starke Verunsicherung mit sich bringt, sind Wandel und Anpassung wohl kaum von heute auf morgen zu verwirklichen, und man muss beiden Seiten zugestehen, dass sie sich auf ihre Weise darum bemühen, ihre Traditionen nicht in Unordnung geraten zu lassen.

Die Trauerfeier ist eine aufgeladene Veranstaltung. Alle stehen unter Stress, denn hier sind unvorhergesehene Ereignisse nicht lustig, sondern peinlich oder geradezu dramatisch. Einmal fiel dem Bestatter fast die Urne aus der Hand, und ich stand daneben. Mir wurde ganz übel vor Aufregung. Ein andermal, in Bonn-Poppelsdorf, zitterte ich, ob alles gut gehen würde. Der Friedhof liegt dort an einem Hügel, Steigung und Gefälle der Wege sind enorm. Während der Prozession zum Grab hatten die Sargträger ihre liebe Müh, das Wägelchen mit der Totentruhe festzuhalten, denn es ging steil bergab. Und ich malte mir in Gedanken aus, was ich zu tun haben würde, wenn der GAU einträte: Einer der Träger stolpert, lässt den Sarg los, die anderen können ihn nicht mehr halten, der Wagen rast davon, gerät aus der Spur, kommt vom Weg ab, und der Sarg geht irgendwo unter Getöse zu Bruch ... Aber es ging noch einmal gut, anders als in der Anekdote, die einen solchen Vorfall folgendermaßen weiterspinnt: Aus dem zerschellten Sarg fällt die Leiche, eine Frau, heraus, und erwacht durch den Schreck wieder zum Leben, da sie nur scheintot gewesen ist. Ein Jahr darauf ist diese Frau wieder gestorben, und ihr Gatte ermahnt die Sargträger: „Passt bloß auf, dass es nicht wieder so geht wie beim letzten Mal!“

Bedrückende Wirklichkeit wurde so etwas Ähnliches einmal in Bulgarien, wie mir meine bulgarische Freundin Rumjana erzählte: Die Särge im Sozialismus gehorchten – wie seinerzeit auch alle anderen Dinge – den Gesetzen des Sparens: Billigstes Material (Pappe, ein wenig Holz) wurde unsauber verarbeitet. Diese Kisten „schlicht“ zu nennen, wäre euphemistisch; primitiv waren sie und, schlimmer noch, nicht ihrem Zweck entsprechend: Als man gerade den Sarg mit der Verstorbenen hinausträgt, bricht der Boden der Schachtel halb weg, die Beine des Leichnams werden sichtbar. Man schafft eiligst alles zurück, flickt, so gut es geht, fährt fort mit der Handlung ... Da mag man weinen, schon allein aus Scham.

Ein Lächeln entlockt einem das Gegenstück hierzu, bei dem dieser Effekt beabsichtigt war: Im Bestattungsmuseum in Wien kann man einen Sarg bewundern, der schon 1784 das umweltfreundliche Mehrwegprinzip verwirklichte. Der allem Pomp abholde Kaiser Joseph II. erließ in jenem Jahr eine neue Begräbnisordnung, in der unter anderem vorgeschrieben war, dass Begräbnisse ohne Sarg durchgeführt werden sollten, „weil bei den Toten der einzige Zweck die Verwesung ist“, und dass die Pfarreien „eine genügende Anzahl von wiederverwendbaren Truhen“ bereit zu stellen hätten, ohne dass dafür den Hinterbliebenen Kosten in Rechnung zu stellen seien.

Die Absicht des asketischen Kaisers war, Rohstoffe für Särge einzusparen, zudem sollten die aufwändigen Kleider, die man üblicherweise den Toten anzog, lieber den Lebenden zugute kommen, und schließlich sollte die Verwesung beschleunigt und dadurch erreicht werden, dass die Gräber in kürzerer Folge wieder belegt werden konnten und somit weniger Friedhofsfläche verbraucht wurde.

Während daraufhin die meisten Pfarrgemeinden weiterhin herkömmliche Holzsärge verwendeten – der in einen Sack eingenähte Tote wurde am offenen Grab aus dem Sarg gehoben und in die Grube gelegt –, beschafften sich andere Pfarreien Särge mit einem Mechanismus, der es ermöglichte, die Bodenbretter aufzuklappen, wodurch der Verstorbene etwas unsanft zur letzten Ruhe gebettet wurde. Die Bevölkerung protestierte heftig gegen diese kaiserlichen Sparmaßnahmen, und bereits nach einem halben Jahr musste die Verordnung wieder zurückgenommen werden.

Einer dieser umweltfreundlichen josephinischen Klappsärge ist im Wiener Bestattungsmuseum ausgestellt; der Mechanismus funktioniert immer noch wie geschmiert. Außerdem gibt es dort auch einen Sarg mit eingebautem Klingelzug, dem „Rettungswecker für Scheintote". Der Kaiser soll, als er sein Ende nahen fühlte, eine Grabinschrift erwogen haben mit der Aussage: „Hier liegt ein Fürst, der trotz des besten Willens keinen seiner Pläne durchsetzen konnte."

Weder weinen noch lächeln, nur noch fluchen konnte der Vikar, der an einem regnerischen Tag neben das offene Grab trat, um das Vaterunser anzustimmen. Die Lederschuhe mögen glatt gewesen sein, der Boden glitschig, kurzum: der Geistliche rutschte in die Grube. Höchst unangenehm für alle Beteiligten: für den Priester, für die Angehörigen und auch für den Toten, auf dessen Gehäuse er unsanft aufkam. Aber das allein wäre verzeihlich gewesen. Nur, dass der Mann Gottes vor Schreck das liebste Schimpfwort der Nation, wahrscheinlich der ganzen Welt, aussprach und laut und vernehmlich „Scheiße!" sagte – das nahm man ihm krumm! Beschwerde beim Bischof, Versetzung ...

Von einem unvorhergesehenen Fall, mit dem angemessen umzugehen man nicht üben kann, erzählt der Benediktinerpater Adalbert Seipolt. Er hatte gerade erst das Sakrament der Weihe erhalten, doch unerfahren wie er war, schickte ihn sein Abt zur Aushilfe aufs Land. Und wie es das Schicksal will, stirbt auch gleich jemand, und er muss die Beerdigung vornehmen:

„Eine falsche Zeremonie – und die Leute zweifelten womöglich an meiner Rechtgläubigkeit. Ich musste nur noch die Fürbitten sprechen. Als ich vorschriftsgemäß für denjenigen betete, der ‚als nächster dem Verstorbenen in die Ewigkeit folgen wird', passierte das, was mir bis heute die wenigsten glauben wollen: Aus dem Pulk der tieftrauernden Hinterbliebenen löste sich die Witwe, rief mit schmerzverzerrter Miene: 'Mein Alois!' und warf nicht Blumen ins Grab, wie alle vermuteten, sondern sich selber, mit ausgestreckten Armen. Dumpf schlug ihr Körper auf dem Sargdeckel auf. Grabesstille auf dem ganzen Friedhof. Alle waren starr vor Schreck. Einige Sekunden lang rührte sich niemand, auch ich nicht. Der Fall war in keinem Rituale vorgesehen. Der Sakristan war keiner Einflüsterung mehr mächtig, steif wie eine Wachsfigur stand er da. Schoß es mir damals wirklich durch den Kopf: In Indien werden Witwen verbrannt, in Bayern springen sie von selber ins Grab? Oder habe ich das später, wenn ich den Vorfall erzählte, hinzugedichtet?

Wie dem auch sei, endlich erwachten die Totengräber aus ihrer Starre und beförderten – unter den gespannten Blicken der Trauergemeinde – die Witwe wieder an die Oberwelt. Sie atmete stoßweise, schien aber nicht schwer verletzt. Ein herbeigerufener Arzt soll angeblich nur geringfügige Blessuren an ihrem Körper entdeckt haben, berichtete mir noch am selben Tag die Pfarrköchin. Und darum ging später, als sie sich von einer trauernden zu einer lustigen Witwe mauserte, das Gerücht um, sie habe den Sprung ins Grab im Kartoffelkeller geübt. Nein, wie bös doch die Leute sind!"

Oder nehmen wir eine Geschichte aus einem Dorf in Unterfranken; meine Schwiegermutter bürgt für die Echtheit, sie war dabei. Auch hier geschah es an jener Stelle im Ritus, wo der Pfarrer am Grab „für den aus unserer Mitte, der als erster dem Verstorbenen vor das Angesicht Gottes folgen wird", betet. Das gehört zum vorgeschrieben Ablauf, und soll vielleicht den erzieherischen Wert haben, sich mit dem eigenen Tod vertraut zu machen. Und siehe da: Eine alte Frau aus der Trauergemeinde bricht zusammen – und ist tot. Der Priester muss die Beerdigung unterbrechen, ein Sterbegebet sprechen, man trägt die

Tote auf einer ausgehängten Tür in die soeben frei gewordene Friedhofskapelle. – Wer wird sich da nicht gedacht haben: So schnell muss Gott unsere Gebete ja nun auch wieder nicht erhören ...

Um Erhörung bittet vergebens der Ehegatte: Verzweifelt steht er am offenen Grab, unten liegt seine Hilde. Immer wieder stöhnt der Mann: „Hilde! Hilde! Ach, Hilde!" – Tränen ersticken seine Stimme. Dann, ein letztes Aufbäumen: „Hilde! Wo hast du die Sparbücher versteckt???"

Ach, es fehlt an britischer Gelassenheit. Ein Herr fragt während der Trauerfeiern flüsternd seinen Platznachbarn: „Woran ist sie gestorben?" Der winkt ab: „An nichts Ernstem."

Eine ergreifende Beerdigungsgeschichte, eine Art Miniatur-Tragikomödie, erzählt mein Freund Giorgos Krommidas, ein griechischer Dichter. Und wie ich Giorgos kenne, ist das auch von ihm selbst erlebt. Die Story handelt von „Lissi":

„Jenen regnerischen Morgen waren wir alle da: Hein, der Hehler, Rocco, der Spieler und mehrere Zuhälter. Hermann, der Einbrecher, hatte das Geld für den Kranz gesammelt. Die Herren vom Sozialamt ließen sich Zeit.

Wir wurden ungeduldig. Der Schnaps ging von Hand zu Hand. Witze wurden erzählt. Willi, der Chef der Absteige, murmelte etwas von monatelang nicht bezahlter Miete.

„Ja, die war eben alt."

„Krank war sie auch."

Dann ging alles sehr schnell. Und als die hässlich gezimmerte Kiste mit dem drinnen, was ein Mädchen war, vor unseren Augen verschwand, waren wir alle betrunken. Du aber, Lissi, hab' keine Angst. Auf dem Friedhof der Mittellosen wird die Erde über deinem gemarterten Körper süß und leicht sein wie die Träume deiner Kindheit. Und der himmlische Freier wird keinen Ekel empfinden, wenn er dich umarmt und dir auf den verwelkten, geschminkten Mund den ewigen Kuss gibt."

Wenn die Beerdigung vorüber ist und alle sich am Leichenschmaus laben, dann muss einer wieder ran: der Totengräber. Ein wichtiger Mann, zweifellos, doch man dankt es ihm nicht. Er wird, einem Henker gleich, von den Menschen gemieden. Und nicht einmal finanziell lohnt sich sein Job. Davon berichtet die jüdische Anekdote:

Der Totengräber Joel kommt zum Rabbi und klagt ihm seine Not. Seine Einkünfte sind so gering, dass er seine Familie nicht ernähren kann. „Ich verstehe das nicht", meint der Rabbi, „eigentlich müsste es doch nicht so schwer für dich sein. Du hast immerhin dein festes Monatsgehalt, und bei einem Begräbnis fällt doch auch etwas für dich ab."

„Zwölf Gulden im Monat", ruft Joel mit bitterem Hohn, „auch schon ein Gehalt! Und die Begräbnisse – ph! Selbst wenn alle in der Gemeinde stürben, hätte ich nicht genug zum Leben."

Auf zur letzten Schicht

Benimm: Was tun und wie es sagen?

„Ich bin eine Witwe. Das heißt: mein Mann ist tot. Und das ist auch gut so." –

Tosender Beifall! Dieser erste Satz einer Szene des Frauenkabaretts „Missfits" sitzt. Nachdem sich diese Witwe noch etwas über ihren Mann ausgelassen hat, wird die Nummer mit einem rhythmischen Song beendet, der so beginnt:

„An einem Dienstagmorgen um sechs Uhr zehn
beschloss mein Mann aus dem Leben zu gehn.
Der Tod kam mir sehr ungelegen!
Ich konnt' nicht zum Friseur, seinetwegen!
Fritz ist tot!
Was heißt das schon.
Fritz ist tot!
Der blanke Hohn.
Sie glauben nicht, was so ein Mann,
ob lebendig oder tot, für Ärger machen kann."

Das kracht! Das weibliche Publikum johlt und klatscht im Takt mit. Hier wird der Witz durch offensichtliche Übertreibung erzeugt.

Es gibt aber auch leisere Töne. Ein verzögertes Lachen, kurz und unterdrückt und begleitet von Kopfschütteln und Lauten der Mißbilligung, ernte ich häufig, wenn ich meine kürzeste Kurzgeschichte bei Lesungen zum Besten gebe. Sie heißt „Der Tag, an dem Diana starb" und besteht aus nur zwei Sätzchen:

„Wir gingen ins Kino, war lange verabredet.
Schämt euch, sagte Mutter."

Meine Intention ist nicht böswillige Häme, sondern die Frage zu stellen, wie man mit einer solchen Information angemessen umgeht. Als ich vom tragischen Unfall der Prinzessin erfuhr – an einem Sonntagvormittag durchs Radio – stellte sich dieses eigentümliche Betroffenheitsgefühl ein, das mit Todesnachrichten einhergeht. Dabei „kannte" ich diese Dame doch nur als virtuelle Realität aus dem Fernsehen und der Regenbogenpresse, die beim Frisör ausliegt. Was berührte mich der Tod dieses Menschen? Ging mein Leben nicht einfach weiter? Konnte man an einem solchen Tag etwa nicht ins Kino gehen?

Zwar haben solche Todesfälle keine unmittelbaren Auswirkungen auf das eigene Leben, aber die Mutter in der Ministory weiß: Wenn der Papst stirbt, der Präsident ermordet wird oder sich ein bekannter Sänger aus dem Fenster stürzt, dann hat man irgendwie innezuhalten, basta. Zum einen gehört es sich so, weil die Trauer durch die öffentliche Bekanntgabe des Ablebens in den Medien quasi eine „offizielle" ist: Wenn der Nachrichtensprecher gar einen schwarzen Anzug trägt, muss man dann nicht als braver Untertan ein schlechtes Gewissen haben, wenn man sich trotzdem amüsiert?

Zum anderen empfindet der Fan beim Tod eines Stars wohl einen persönlichen Verlust, weil die regelmäßige Vermarktung dieses Lebens in den Medien eine Nähe zum Idol vorgegaukelt hat, wie man sie eigentlich nur mit einer vertrauten Person erleben kann. Obwohl die meisten, die Diana betrauerten, sie überhaupt nicht wirklich kannten, sondern nur eine von den Medien erzeugte Kunstfigur verehrten, empfanden sie ihren Tod wie den eines geliebten Angehörigen. Menschen, die tatsächlich ihr Leben lang engagiert gegen Landminen gekämpft hatten, waren den Medien nicht einmal eine Erwähnung wert. Zum Todeszeitpunkt Dianas kamen anderswo auf der Welt unzählige andere Menschen auf nicht weniger tragische Weise um, durch Hunger, Krankheit, Unfall, bewaffnete Konflikte; im selben Jahr 1997 starben Menschen, die der Welt Wissen, Geschichten, Musik, Kunst geschenkt hatten: Mutter Teresa, James Krüss, Jacques Cousteau, Jurek Becker, Lew Kopelew, Georg Solti ... Man nahm das wahrscheinlich bedauernd zur Kenntnis, aber fühlte sich dadurch jemand an die eigene Sterblichkeit gemahnt oder vom Kinogang abgehalten?

Mark Twain, alias Samuel Clemens, war 61 Jahre alt, als er sich im Mai 1897 in London aufhielt. Dort entnahm er der amerikanischen Presse, er sei verstorben, worauf er die folgende Richtigstellung telegraphierte: „James Ross Clemens, ein Vetter von mir, war vor zwei oder drei Wochen in London ernstlich krank, ist aber jetzt wohlauf. Die Nachricht von meiner Erkrankung kam aufgrund seiner Erkrankung zustande, die Nachricht von meinem Tod war eine Übertreibung."

Übrig geblieben von dieser Anekdote ist der vielzitierte Vers: „The reports of my death are greatly exaggerated", „Die Berichte von meinem Tod sind höchst übertrieben." Bis ich die Geschichte dazu erfuhr, dachte ich, Twain habe sich in weiser Voraussicht schon über den Rummel lustig gemacht, der mit Sicherheit ausbrechen würde, wenn er einmal gestorben sein würde, dieses Geschwätz vom unwiederbringlichen Verlust et cetera.

In „Querkopf Wilson" schrieb er: „Wer lang genug gelebt

hat, um herauszufinden, was Leben ist, weiß, wie tief wir in der Schuld Adams stehen, des ersten großen Wohltäters der Menschheit: er brachte den Tod in die Welt." – Und schließlich stellte er sarkastisch fest: „Ein Gedanke von feierlichem Ernst: tot ist das Fleisch des vornehmsten Menschen von minderer Qualität als Schweinefleisch."

Früher oder später: gestorben werden muss. Und wie teilt man es dann mit, wenn es soweit ist? Wer schon einmal eine Todesanzeige verfassen musste, weiß, wie schwer es ist, im Trauerfall die richtigen Worte zu finden. Zwar bieten das Bestattungsinstitut und die Zeitungsredaktion eine Auswahl an Standardtexten an, auch gibt es Ratgeber in Buchform zu kaufen, doch viele Angehörige und Freunde legen Wert darauf, die Individualität des Dahingeschiedenen in persönlichen Worten zum Ausdruck zu bringen. Manchmal ist das erfrischend, wie Ingrid Brüggenwirth zeigt, die jahrelang Todesanzeigen gesammelt und – mit geänderten Namen – als Buch publiziert hat. Ein paar Beispiele:

„Erhard Milch
Generalfeldmarschall
geb. am 30.3.1892, gest. am 25.1.1972
meldet sich ab"

„Keiner von vielen
Einer von uns
Auf zur letzten Schicht
Schichtführer und langjähriger Personalvertreter
Sven Reisig
Ein letzter Gruß
Die Mannschaft des Müllheizkraftwerks Unna"

„Haltet mich nicht auf, denn der Herr hat Gnade
zu meiner Reise gegeben.
1. Mose 24, Vers 56
Renate Werner
ist nach schwerer Krankheit von uns gegangen.
Im Namen der Angehörigen: Familie Werner
Die Trauerfeier findet am Donnerstag, dem 19. Mai 1981
um 14 Uhr in der Friedhofskapelle des Waldfriedhofs
zu Dinslaken-Oberlohberg statt. Die Beisetzung erfolgt
von dort aus. AB-Abfahrt Dinslaken-Nord in
Richtung Kirchhellen, 500 m links."

Manchmal sind es ja nur einzelne Sätze, die einer ansonsten eher traditionellen Bekanntmachung die würzige Note verleihen: wenn es etwa – statt eines Bibelspruchs – heißt: „Rien ne va plus", oder, beim verstorbenen Verpackungs-Unternehmer: „Der Tod ist eine Bruchstelle, kein Ende". Geradezu lyrisch das Bekenntnis: „Die Ärzte waren ratlos – Gott nicht!" Von entzückender Geschäftstüchtigkeit, die dem Boss Freude gemacht hätte, zeugt diese Anzeige:

„Wenngleich uns der plötzliche Tod
unseres Firmenchefs des
Damen- und Herrensalons
Thilo Holte
tief betroffen gemacht hat,
so werden wir doch auch in Zukunft
stets bemüht sein,
Sie zu Ihrer vollständigen Zufriedenheit zu bedienen.
Sabine Holte und Mitarbeiter
Unser Salon ist ab sofort wieder wie gewohnt geöffnet."

Andere bemühen sich dagegen um einen betont gehobenen Stil. Nach dem Tod meiner Mutter erhielt ich von einer Kommunalpolitikerin einen Kondolenzbrief, in dem es unter anderem hieß: „Es ist, als ob das eigene Ich in Frage steht; die Frage nach dem Sinn tritt unausweichlich in den Blick: Leben – um zu sterben? Sterben – um zu leben? Die möglichen Antworten werden jeweils immer neu im Prozess des Lebens zu finden sein; aber gewiss ist, dass der Tod als Grenze dem Leben Einmaligkeit, Bedeutung, Würde und Tiefe verleiht. (...) Und so wird auch Gott den Dialog der Liebe, den er mit seinem Geschöpf begonnen hat, auch in der extremsten Krisis – dem physisch-materiellen Tod – nicht abreißen lassen, sondern ...“ usw., usf. – Tatsächlich, dieser triefende Schwulst schenkte mir Trost, denn ich lachte laut auf, als ich das las.

Aber nicht nur die Worte wollen recht gewählt sein, auch die Kleidung. Bei uns ist schwarz die Farbe der Trauer, und das, weil früher einmal schwarzes Tuch kostbar war und das Besondere, das Außergewöhnliche, „Fest und Feier“ ausdrückte. In Japan trägt man weiße, auf Bali bunte Kleider.

Übrigens (das durfte ich selbst erleben) vermögen Damen in schwarzen Röcken, die grade so über den Po reichen, Netzstrumpfhosen und mit koketten Schleiern auf dem Hütchen dem unscheinbarsten Provinzfriedhof den Charme einer Modenschau zu verleihen. Da wird die Beerdigung der Großmutter zum Ereignis! Nur die Männer, die kommen immer gleich langweilig daher in ihren schwarzen Anzügen.

So geht es auch dem Tünnes, der seinen Freund Schäl auf der Straße trifft und ihn um Hilfe bittet: „Schäl, mein Vater ist gestorben. Kann ich deinen schwarzen Anzug haben?“

„Aber klar!“, willigt der Freund ein.

Eine Woche später treffen sie sich wieder. Schäl fragt vorsichtig, ob er denn seinen Anzug wieder haben könnte.

Tünnes wird bleich: „Den hat mein Vater an!“

Schließlich die Bewirtung. In amerikanischen Gefängnissen, so konnte ich lesen, dürfen die zum Tode Verurteilten selbst entscheiden, ob sie die Bohnen der Henkersmahlzeit süß oder sauer angemacht haben wollen. Welche Großzügigkeit!

Alkohol bekommen sie aber nicht. Der floss jedoch im Mittelalter reichlich, und das schon bei der Totenwache vor der Bestattung. Die eigentlich als Betstunden gedachten Versammlungen am Totenbett arteten schnell in orgiastische Saufgelage aus. Anscheinend machte der Tote den Lebenden klar, wie wenig Zeit ihnen zum Genießen verblieb.

Nach der Beerdigung trifft man sich bis heute zum Leichenschmaus, Reu-Essen, Trösterwein oder Trauertrunk. Bei belegten Brötchen, Suppe, Streuselkuchen, Kaffee, Bier und Schnaps wärmt man sich auf, erzählt vom Verstorbenen und will den Schrecken der Begegnung mit dem Tod abschütteln. Die Trauer verflüchtigt sich kurzzeitig, hier und dort wird schon geschmunzelt und gegrinst. Und es soll Trauerfeiern gegeben haben, deren Gäste am Ende sangen: „So ein Tag, so wunderschön wie heute!"

Dass nicht nur beim anschließenden Leichenschmaus, sondern oft auch auf dem Friedhof schon gelacht wird, entspringt dem Wunsch, den Geschmack des Todes loszuwerden, sich in die Gemeinschaft des Lebens zurückzuholen. Wo gelacht wird, fließen die Lebenssäfte; der Tod ist kaltes Erstarren.

Die starren Gesichtszüge der Tochter, die gerade ihren alten Vater begraben hatte, lösten sich, als die alte Tante Maria gerührt kondolierte: „Herzlichen Glückwunsch!" – Ich glaube nicht, dass man das als Ausdruck von Todessehnsucht interpretieren darf, ich sehe einfach einen situationsbedingten Fehlgriff in die Schatulle der Floskeln.

Den Humor der Verzweiflung spürte ich auch, als wir uns vom Anblick unserer toten Mutter lösten. Frieden lag auf ihrem Antlitz, uns aber durchbohrte es das Herz. Wir stiegen heulend die Treppe vom Kühlraum hinauf, als meine Schwester schluchzend ausrief: „Sie wird mich nie mehr ankeifen können!"

Ob die alten Griechen mit ihrer Humor-Körpersafttheorie richtig lagen, entzieht sich meiner Kenntnis. Aber mir fällt heute wie ihnen damals auf, dass die Menschen auf die gleichen Ereignisse unterschiedlich reagieren. Der eine kommt nach dem Tod seiner Frau nicht mehr in die Gänge, der andere verkraftet ihn mit der Zeit. Es gibt keinen richtigen und keinen falschen Umgang mit dem Tod. Er ist eine intime Angelegenheit, mit der jeder für sich klarkommen muss. Und doch verfügen wir über Erfahrungswerte: dass etwa Trauer einen heilsamen Prozess darstellt; dass Rituale nützlich sind; dass der Tod eines geliebten Menschen verarbeitet werden kann, auch wenn das seine Zeit braucht. Eine Garantie gibt es natürlich nicht, aber Grund zur Hoffnung. Wüste kann wieder blühen, wenn genügend Feuchtigkeit vorhanden ist; Eis kann schmelzen.

Es mag auch Leute geben, die ihren Angehörigen nicht zutrauen, ihrem Tod mit dem nötigen Humor zu begegnen. Meine Nachbarn gaben mir ein Totenbildchen, wie sie gern in Gesangbücher eingelegt werden. Sie brachten es von einer Beerdigung mit und gaben zu, viele seien verwirrt, gar pikiert gewesen. Die Verstorbene hatte nämlich vor ihrem Tod selbst den Text ausgewählt, der da lautete:

„Jibt dir det Leben eenen Puff,
so ween ick keene Träne,
lach mir 'nen Ast und setz mir druff
und baumle mit de Beene."

Das würde auch dem Liedermacher Wolf Biermann gefallen. Der stellte nämlich einmal fest: „Ohne Lachen ist das schönste Weinen nur ein Triefen."

Die Leute würden aufhören zu sterben

Profis für einen speziellen Service

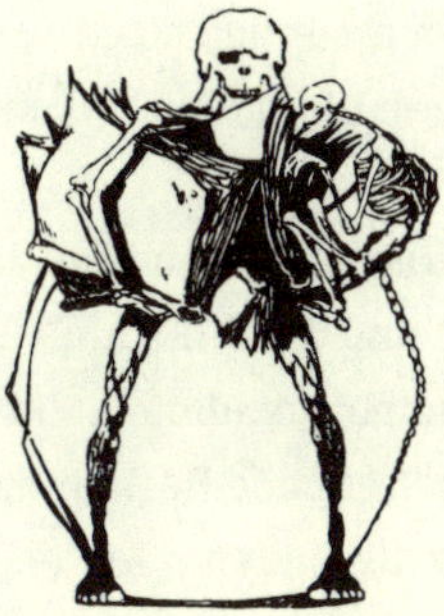

Als Horst, von der Probe des Männergesangvereins kommend, in die Kneipe eintritt, stehe ich schon am Tresen.

„Na, mein Freund", versuche ich sein missmutiges Gesicht aufzuhellen, „was macht das Weihnachtsgeschäft?" Ich grinse. Horst ist nämlich Bestattungsunternehmer.

Doch er sieht mich nur mürrisch an: „Be- ... scheiden! Das ist gar nicht witzig. In den letzten drei Monaten nur vier Beerdigungen."

Ich weiß nichts zu sagen, und Horst trinkt von seinem Bier, wischt sich den Schaum aus dem Oberlippenbart.

„Sonst ist um diese Zeit mehr los, was? Fallen im Herbst die Blätter, fallen auch die Menschen, oder?"

„Die wollen alle noch Weihnachten miterleben. Und dann kämpfen die sich noch bis Silvester durch. Das ist richtig geschäftsschädigend." Horst nickt beschwörend zu seiner Erklärung der konjunkturellen Lage, als müsste er mich überzeugen.

„Aber letztlich kriegste sie doch alle", tröste ich ihn.

„Da haste mal Recht!" Horst prostet mir lächelnd zu, trinkt sein Glas leer, stellt es klirrend auf der Theke ab. Sein Gesicht hat sich schon wieder verdüstert, als er mosert: „Das gibt wieder einen Streß, im Januar ..."

– Wie wir einmal dahingehen werden, das wird sich zeigen. Wenn wir uns nicht selbst aus dem Leben befördern, können wir nur begrenzt darauf einwirken, ob wir durch Krankheit, Unfall oder Verbrechen sterben. Und was mit dem geschieht, was danach an Materie übrig bleibt, darauf haben wir ohnehin kaum Einfluss.

Fast hundert britische Angehörige beispielsweise „vergaßen" zwischen 1950 und 1965 doch glatt, die Urnen ihrer eingeäscherten Verwandten abzuholen. Im April 2001 meldeten die Agenturen, das betreffende Bestattungsinstitut habe sich zu einem Frühjahrsputz besonderer Art entschlossen und werde die Asche im Rahmen einer würdigen Zeremonie dem Fluss Clyde übergeben.

Verbrennung oder Beerdigung, ob man uns in ein „Erdmöbel" legt (wie man in der DDR schalkhaft einen Sarg nannte, das dortige Amtsdeutsch auf den Arm nehmend) oder gar in einen Faltsarg aus Karton („umweltschonend wie ein Umzugskarton, was er ja auch irgendwie ist", preist der Hersteller) – professionelle Helfer müssen ran.

Der Dienst am Toten, vom Waschen bis zum Beerdigen, früher eine Angelegenheit der Hinterbliebenen und Nachbarn, wird heute von Dienstleistern erledigt. Angefangen mit dem Hospizdienst, also meist ehrenamtlichen Helferinnen und Helfern, die Sterbenden beistehen und deren Angehörige betreuen, über den Bestatter mit seinem Personal, bis zum Pfarrer oder Trauerredner. Überraschenderweise sind diese Leute, die jeden Tag mit dem Tod zu schaffen haben, in der Regel recht lebensfrohe Zeitgenossen. Zwar schützt sie das dicke Fell der Gewohnheit, denn bei jedem Fall mitzuleiden würde sie seelisch überbeanspruchen. Aber gefühlskalt ist keiner der Profis, die ich kennen gelernt habe. Immer wieder kommt es vor, dass auch diese alten Hasen erschüttert werden von tragischen Schicksalen – und von peinlichen Missgeschicken: dem Sarg, der auf einmal nicht mehr ins Grab passt, dem Handy, das während der Trauerrede schrillt, der fehlenden Urne (man begrub dann nur die schmucke, aber leere, Überdose).

Nun muss man eingestehen, dass ein Bestattungsunternehmen eine Firma ist, die – wie alle anderen auch – Gewinn erwirtschaften will. Doch das spezielle Angebot (Särge, Urnen, Totenhemden), dazu der Service – Beerdigung organisieren, Annoncen aufgeben, Leichenschmaus oder Beerdigungskaffee vorbestellen, Versicherungen benachrichtigen und dergleichen mehr – verlangt auch eine spezielle Art des Auftretens. Die Firmen nennen sich daher gern vornehm „Institut". Die Werbung darf nicht aggressiv sein, eher dezent. „Schöner Sterben mit uns" wird man wohl kaum sagen können. Doch ein Bestatter soll tatsächlich geworben haben: „Bei uns liegen Sie richtig!" Und in Berlin war auf einem Leichenwagen der nicht zu leugnende Satz zu lesen: „Wir kriegen euch alle!" (Und wenn nicht wir, dann eben die Konkurrenz.)

Bestatter sind Geschäftsleute und so dem Gesetz von Angebot und Nachfrage unterworfen. Ein Bestatter, den ich persönlich kenne, beklagte sich einmal bei mir, sechs Wochen lang habe er keinen Toten gehabt. Entsetzlich! Er habe schon die Kabel am Telefon überprüft, ob es kaputt sei. Aber nein, einfach eine Flaute. Wie bei Küstenfischern, die wegen Sturm nicht rauskönnen.

Können denn Bestatter etwas für die Ankurbelung ihrer Konjunktur tun? Wunderhübsche Geschichten erzählt Paul Flora ohne ein einziges Wort mit seinen Zeichnungen „Trauerflora"; Friedrich Dürrenmatt nannte sie „charmante Idyllen": Drei Totengräber warten an der gesprengten Brücke, über die ein Wagen fährt, mit dem offenen Sarg; reichen dem Selbstmörder eine Leiter, damit er an den Baum heranreicht; pieksen den Löwen in den Hintern, der vor dem Zirkusdirektor das Maul aufreißt ... So grausam diese Kerle sind, sie gewinnen die Sympathien des Betrachters.

Natürlich gibt es für den Profi auch Erfolge. Er habe die Überführung von Deutschen übernommen, die im Ausland verstarben, erklärt mir ein Bestatter. Ein Verkehrsunfall, fünf Tote. Stolz präsentiert er mir ein Foto mit zwei Leichenwagen voller Särge. „Das war ein Geschäft!" glänzen seine Augen. Doch im nächsten Moment wird er ernst und räuspert sich: „Wirklich schlimm, was da passiert ist ..." – Wie sagt doch der Volksmund: Dem einen seine Eule, dem anderen seine Nachtigall.

Wie wir mit dem Tod umgehen, ob wir ihn als Gabe oder Bedrohung empfinden, das hängt sehr von unserer Erziehung und Erfahrung ab. Der kulturelle, religiöse und soziale Hintergrund bedingt unsere Einstellung zum Lebensende. Traditionell bekommt beispielsweise ein jüdischer Bräutigam zur Hochzeit von seiner Frau ein weißes Gewand geschenkt: sein Totenhemd. Er trägt es schon zu Lebzeiten am höchsten jüdischen Feiertag, dem Jom Kippur, und am Vorabend des Pessachfestes. Man gewöhnt sich so leichter an die Vorstellung, eines Tages das Hemd nicht mehr auszuziehen. Wir kennen das Totenhemd, das bekanntlich keine Taschen hat, eher als Mahnung, nicht nur zu raffen, denn am Ende kann man nichts mitnehmen. Dass ein Bestatter das Totenhemd wirklich als „bügelfrei" angepriesen haben soll, ist wohl doch eine Mär. Halten wir fest: Bestatter, das ist ein Beruf mit Zukunft.

„Der Tod ist vernichtet!" Der feurige Prediger der Baptistengemeinde der 12. Straße macht sich zum Endspurt bereit und versetzt die Herzen der Gläubigen in österliche Schwingungen. Der Gottesmann fuchtelt mit den Armen durch die Luft, ruft, ja schreit beschwörend: „Der Tod ist tot, Halleluja!"

„Halleluja!" schallt es unter Klatschen hundertfach zurück, „der Tod ist tot! Halleluja!" Applaus, die Sacro-Band intoniert einen Händel-Tusch. Befreiendes Lachen huscht durch die Reihen, alle stehen auf, singen, jubeln.

Nur einer lächelt ruhig zurückgelehnt in der letzten Bank: Fred, der Bestattungsunternehmer. Er summt leise mit und weiß doch: gestorben wird immer.

Oder ist nicht einmal das sicher? In einem Spielfilm wird von einem jüdischen Ehepaar erzählt, das von Polen nach Amerika auswandert. Der arme Mann ist ein Pechvogel, alles geht ihm schief. Mit der Zeit hat er den Mut und das Selbstvertrauen verloren. Er resümiert: „Würde ich aufmachen ein Bestattungsinstitut, die Leute würden aufhören zu sterben!"

Hier liegen meine Gebeine

Friedhof: Spiegel der Gesellschaft

Sie nannten sie „Seeteufel", die Frau des Kapitäns Holmberg. Das strenge Weib begleitete ihren Gatten auf jeder Fahrt und führte an Bord ein eisernes Regiment. Den Matrosen gönnte sie keinen Schnaps. Man mochte sie nicht. Dann starb sie, mitten auf hoher See: „Da lag sie auf den weißen Laken in ihrem Sonntagskleid, die Hände gekreuzt vor der Brust, und die Nase noch spitzer als bisher. Der Reihe nach traten die Leute ein, blieben vor der Toten stehen, falteten die Hände und dachten Gott weiß was. Holmberg trug den Todesfall umständlich ins Schiffsjournal ein, seine Finger zitterten dabei; vielleicht hatte er Mühe zu begreifen, dass von nun an sein ganzes Leben anders werden musste. Die Leute aber redeten dreist miteinander, wie sie ihr die letzte Ehre geben wollten. Kräftig angepackt, ein fröhlicher Schwung, über Bord, ein Aufklatschen und nichts mehr. Den Seeteufel hat der Teufel in die See geholt! Und dann sollte der Alte Schnaps ausgeben, der abgefahrenen Seele zu Ehren! Er sollte Schnaps ausgeben, heute und alle Tage, von nun an! Aber es kam anders."

Das Luder hatte nämlich bestimmt, dass sie an Land ihre letzte Ruhe finden wolle, auf einem Friedhof in der Heimat. Wie aber mit der Leiche verfahren? Sie wurde in ein Fass gelegt, welches man mit Branntwein auffüllte – zur Konservierung. Der andere Schnaps an Bord war bald weg, aber ein paar Tage später sah der Kapitän die Männer wieder betrunken auf Deck. Woher sie den Alkohol hatten, wollte er gar nicht so recht wissen; er nahm auch selbst einen Becher von dem bitteren Zunder. – Im Hafen war das Fass des Seeteufels leer ...

– Solche grotesken Geschichten haben wir Werner Bergengruen zu verdanken, dem 1892 in Riga geborenen Erzähler und Lyriker. Die meisten seiner Werke wollen eigentlich eher Großes verkünden, die ewige Ordnung der Welt oder die Dimensionen des Glaubens. Mit seinem Buch „Der Tod von Reval" aber hat er uns eine herrliche Sammlung kurioser Geschichten geschenkt, die sich allesamt um einen eigentümlichen Umgang mit dem Tod drehen. Er erzählt vom Haudegen, der nicht verwesen will, vom Witwer, der es sich am Grab der Dahingeschiedenen gemütlich einrichtet, oder von der armen „Kaddri in der Wake". Die Frau des Fischers war eine ... – nun ja, man sprach nicht gut über sie. Was ihr Mann Tönno mühsam verdient hatte, verschleuderte sie im Handumdrehen in den Kneipen. Einmal suchte Tönno sie überall, sie war nirgends zu finden. Dann entdeckte er sie, am Haken in der Wake, also in einer eisfreien Stelle, die zum Angeln geeignet ist. Er zog sie heraus; die Tote war voller Aale, die sich an ihr festgebissen hatten. Und was tat Tönno, der Fischer? Er nahm die Aale ab und ließ den Leichnam wieder ins Wasser gleiten; so sorgte sie für ein wenig Ausgleich des Schadens, den sie ihm als Frau bereitet hatte. Das ging einige Nächte lang so. Aber die Sache endet doch versöhnlich: „Tönno denkt nicht mehr an eine Gerechtigkeit, die sich an Kaddri erfüllt. Er denkt daran, dass Kaddri und er einander christlich angetraut worden sind und dass es einmal eine kurze Zeit gegeben hat, da sie zärtlich miteinander waren. (...) Er beugte sich nieder und hob Kaddri auf. Aber anstatt sie wieder in die Wake gleiten zu lassen, trug er die steifgefrorene Last auf der Schulter nach Hause. Er legte sie sorgsam auf die Schlafbank und deckte sie zu, denn es sollte kein Auge mehr auf den verwüsteten und zerfressenen Körper fallen, der einmal seine Freude gewesen war. Er saß neben ihm, bis es vollends hell geworden war. Dann stand er auf und ging zum Pastor, um den Sterbefall anzumelden und das Begräbnis zu bestellen. Nichts wollte er sparen, es sollte eine stolze Leiche werden: lang und laut sollte die Predigt sein und so lang und laut das Glockengeläut, wie er es irgend zahlen konnte."

Ein unbestatteter Toter befindet sich nach allgemeiner Auffassung in einem unbefriedigenden Zwischenstadium. Irgendetwas muss mit ihm geschehen, um der Pietät und Tradition Genüge zu leisten. Form und Ablauf der Bestattungszeremonie sind vom religiösen Hintergrund, aber auch von der jeweiligen Gesellschaft, der Geographie des Landes und dem sozialen Status des Verstorbenen abhängig. In mancher Kultur ist darüber hinaus die rituell vollzogene Beerdigung bzw. Verbrennung sogar notwendig, um Eingang ins Jenseits zu erlangen. Die Bestattung ist eine religiöse Pflicht, die auch gegenüber Fremden oder Gegnern gilt. Umgekehrt ist es eine besondere Form der Bestrafung, die angemessene Bestattung zu verweigern.

Unabsichtlich muss sogar Lenin büßen: den toten Diktator kann man nicht in die Erde betten, denn der arme Kerl wurde jahrzehntelang von einem Expertenteam mit Chemikalien vollgepumpt, um immer frisch und ansehnlich in seinem Mausoleum präsentiert werden zu können, so dass er heute eigentlich als eine Art – Verzeihung! – Sondermüll entsorgt werden müsste.

Die wahrscheinlich älteste Form der Bestattung ist die Beerdigung. Archäologen datieren die bisher ältesten gefundenen Gräber auf etwa 50.000 vor Christus. Seit der Frühzeit werden Tote sitzend, liegend, hockend, kauernd wie im Mutterleib, manchmal in eine bestimmte Richtung gewendet in der Erde bestattet. Diese Form der Beisetzung sichert zwar einen gewissen Schutz des Leichnams, gibt ihn aber doch der Verwesung preis.

Friedhöfe für Erdbestattungen lassen sich bis in die prähistorische Zeit zurückverfolgen. Das Wort Friedhof kommt aus dem althochdeutschen „frithof" und meinte ursprünglich nur „Vorhof, eingefriedetes Grundstück", auch im Sinne von „hegen, schonen, pflegen". Erst später wurde es in Verbindung gebracht mit dem Wort „Friede", abgeleitet vom Wunsch „sie mögen ruhen in Frieden". Andere Ausdrücke sind „Kirchhof" oder „Gottesacker"; die Juden sagen „Bet Olam" = „Ewiges Haus".

Natürlich unterliegt ein Friedhof in unseren Breitengraden und in unserer Zeit einer ordentlichen Friedhofssatzung. Diese regelt alles: vom „Friedhofszweck" (tatsächlich! – nämlich der Bestattung von Verstorbenen) über „Bestattungsrechte und -pflichten" bis zu den Eigenarten von Wahl-, Reihen-, Urnen-, Kinder-, Ehren-, Soldaten-, anonymen und muslimischen Gräbern. „Ruhezeiten" werden euphemistisch die Mietjahre des Grundstücks auf dem Friedhof genannt, welche bekanntlich ja (immense) „Friedhofsgebühren" kosten.

Den Autoren solch lesenswerter Satzungen ist durchaus ein hohes Maß an Phantasie zu attestieren! Wer käme sonst auf die Idee, sich so ausgefeilte Gedanken zu machen über die Benutzung von Kühlräumen, über das Mitbringen von Tieren (alle verboten, außer Blindenhunden) bis zur Sanktionierung bei „Vernachlässigung der Grabpflege"? Besonderes Augenmerk schenkten die Dichter der mir vorliegenden Friedhofssatzung einem Thema, dessen Bedeutung anscheinend in der Öffentlichkeit eklatant unterschätzt wird: den zugelassenen Materialien für den Grabstein! Da heißt es unter Punkt 4 des entsprechenden Paragraphen:

„Nicht zugelassen sind:
a) Natursteinsockel aus anderem Werkstoff, als er zum Denkmal selbst verwendet wird,
b) sichtbare Kunststeinsockel unter Natursteingrabmalen,
c) eingelegte Natursteinschriftplatten auf Kunststein-Grabmalen,
d) Grabmale aus geschliffenem Kunststein sowie nicht steinmetzmäßig behandeltem Kunststein,
e) Grabkreuze aus Birkenstämmen oder anderen Rundhölzern,
f) in Zement aufgetragener ornamentaler oder figürlicher Schmuck,
g) Farbanstrich von Holz- und Steingrabmalen,
h) Lichtbilder,
i) Gebilde aus Gips, Kork, Aluminium, Porzellan, Emaille, Glas, Blech sowie Tropfstein, Felsgrotten [notabene!], Metalltafeln und ähnliche Massenwaren,
j) Inschriften und Sinnbilder, die der Würde des Ortes widersprechen."

Ordinäres Plastik made in Hongkong wird nicht eigens erwähnt und scheint demnach erlaubt zu sein, sogar mit „Farbanstrich" ... Wirklich, da beklagen wir den übersteigerten Drang nach Individualismus und Selbstverwirklichung in unserer postmodernen Gesellschaft – der Friedhofssatzung sei Dank, dass wir am Ende hübsch gleichförmig in Reih und Glied liegen.

Noch prinzipieller geschah dies in der DDR, wo die Uniformität zum ideellen Gut erhoben wurde. Man ging bis in die frühe Steinzeit zurück, um die Geschichte der Friedhofs- und Bestattungskultur als Geschichte der Klassengegensätze aufzuzeigen. Friedhofsgestaltung mit dem Ziel, dem hemmungslosen

Individualismus entgegenzuwirken, galt dabei als „schwere Erziehungsarbeit“ des Staates. Sozialistische Bestattungskultur sollte ihren höchsten Ausdruck in – es folgt ein Wort, zu dessen Bildung nur eine Sprache wie die deutsche fähig ist – „Urnengemeinschaftsanlagen“ finden: der Verzicht auf Einzelgrab und Grabdenkmal sei Ausdruck der Einordnung des Einzelnen in das Ganze. Neben diesen ideologischen Gründen pries die DDR die Urnengemeinschaftsanlage als „modern, humanistisch und ökonomisch“. Die staatliche Heiligsprechung dieser Bestattungsform (die sich übrigens auch nach der Wende großer Beliebtheit erfreut) war 1963 die Erhebung der Urnengemeinschaftsanlagen zu Stätten des „Neue-Kraft-Schöpfens“. – Wir haben offensichtlich einen Beweis für den propagierten Slogan der DDR gefunden, die die BRD „überholen“ wollte, ohne sie „einholen“ zu müssen: auf dortigen Friedhöfen waren/sind die Toten nicht einfach nur gleich, sondern gleicher!

Ganz anders der kapitalistische Westen. In den USA gibt es Gräber mit Telefonanschluss, sei es nun für Geschäftsleute, die ihr Business nicht unnötig unterbrechen, oder für Scheintote, die sich ein Taxi ans Grab rufen wollen. Eine Frau, die keine einzige Folge ihrer Lieblings-Seifenoper versäumt hatte, ließ sich angeblich mit einem eingeschalteten und auf den richtigen Kanal eingestellten Fernseher begraben. Auf deutschen Friedhöfen scheint dergleichen nicht verboten, zumindest nicht ausdrücklich.

Verboten hat allerdings Gil Bernardi, Bürgermeister von Le Lavandou, einem französischen Dorf, etwas anderes: das Sterben. Der Friedhof der Gemeinde war belegt, der Bau eines neuen vom zuständigen Verwaltungsgericht versagt worden. Im September 2000 berichteten die Zeitungen von diesem „extraordinären“ Erlass: Nur wer über einen Grabplatz verfüge, dürfe auch das Zeitliche segnen. Macht der Tod alle gleich? Von wegen!

Wo sonst auf der Welt als in Lissabon gibt es einen „Friedhof des Vergnügens“ (Cemitério dos Prazeres)? Zu diesem eigentümlichen Namen kam es, weil sich auf dem Gelände des Friedhofs einst der Lustgarten der portugiesischen Könige befand. Ob dort zu liegen ein Vergnügen ist, entzieht sich meiner Kenntnis; über dieses Gelände zu spazieren macht zumindest Spaß. Die Toten werden überirdisch in kleinen, aber vornehmen Gebäuden zur letzten Ruhe gebettet. Da geht es zu wie im wahren Leben: Die Wohlhabenden können sich schmucke Villen leisten, die einfachen Leute müssen sich mit schmalen Reihenhäusern begnügen, und für die Armen genügt ein Fach im mehrgeschossigen Objekt. Letztere nennt man auch „Columbarien“ – „Taubenschlag“, obwohl man dort nur ankommt und dann nicht mehr wegfliegt.

Weniger vergnüglich war ein anderer Friedhofsgang, genauer: nur eine Einladung dorthin: Als Jugendlicher beteiligte ich mich am Besuchsdienst der Pfarrei. Einer alten Dame sollte ich im Namen der Kirche zum Geburtstag gratulieren und eine Flasche Wein überreichen. Ich klingelte, eine jüngere Frau öffnete, die Tochter. Ich trug mein Anliegen vor, die Frau verschränkte die Arme und antwortete bissig: „Die Fläsch' könnense aufn Friedhof tragen; mein' Mutter is nämlich schon fünf Monate tot!“

Wein auf dem Friedhof? Das war im Mittelalter durchaus der Fall. Die Plätze waren Orte des Lebens, Stätten der Begegnung. Man traf sich dort, erzählte, aß und trank, feierte am Grab beim Jahrgedächtnis. In Mexiko hat sich diese Tradition bis auf den heutigen Tag erhalten. Frank Kaspar berichtet in der FAZ: „Jede Familie bereitet einen Gabentisch, die Ofrenda, mit Blumen, Kerzen, Weihrauch und Lieblingsspeisen ihrer Verstorbenen vor, die einmal im Jahr als Gäste erwartet werden. Pfade aus Blütenblättern weisen den Besuchern aus dem Jenseits den Weg. Die Friedhöfe verwandeln sich in Festwiesen, auf denen Mariachi-Bands spielen und Menschen in Knochenmanns Kostümen miteinander tanzen und trinken." (Der Artikel verschweigt nicht, dass der „Tag der Toten" ein Großereignis des Fremdenverkehrs geworden ist und eben jener Folklore-Tourismus die Ausübung der Tradition beeinflusst.)

Etwas los – und das täglich – ist auch auf den Friedhöfen des heutigen Kairo, einer Stadt mit geschätzten 16 bis 20 Millionen Einwohnern. Dort sollen bis zu 500.000 Menschen auf den Friedhöfen leben: Wo alles aus den Nähten platzt, nimmt man auch mit einem Zelt zwischen den Grabreihen vorlieb. Während einer Bestattung weicht man dann eben mal ehrfurchtsvoll zur Seite. –

Auf dem Friedhof zu Hause sein, und das schon zu Lebzeiten: ist das eine begrüßenswerte Einstimmung auf den Tod, oder ist das einfach nur makaber?

Das Makabre kann man selbstverständlich auch genießen. Rainer Pause (alias Fritz Litzmann), ein Bonner Kabarettist, veranstaltete mit dem Journalisten Martin Stankowski einen Abend zum Thema: „Tod im Rheinland – eine bunte Knochenlese". Wo? Natürlich im Krematorium. Welcher Rahmen würde sich besser eignen für schwarzen Humor?

Richtig schwarz ist der Humor Werner Bergengruens ja nicht, nichts Geschmackloses findet man bei ihm. In seiner Kurzgeschichte „Die wunderliche Herberge" erzählt er von einem Arzt, Dr. Barg, der immer Angst davor hatte, scheintot begraben zu werden. Und so ordnete er an, nach seinem Tod eine Herberge für jene einzurichten, die aus Versehen untot begraben wurden.

Auf Dr. Bargs Grabstein war zu lesen:

„Hier ruht ohne Sorg und Arg
Doctor medicinae Barg".

Bergengruen fügt an, außerhalb Revals habe man behauptet, das zweite Verspaar laute:

„Und die hier um ihn liegen,
verdanken ihm dieses Vergnügen."

Da hat der Schriftsteller wohl ein wenig abgekupfert. Dieser Vers wird nämlich auch als eine jener alpenländischen Grabinschriften zitiert, wie sie uns als Ausdruck der fröhlichen Volksseele der Bergbewohner vorgestellt werden. Da heißt es beispielsweise:

„Hier liegt der Lehrer Krug,
der Kinder, Weib und Orgel schlug."

„Hier liegen meine Gebeine.
Ich wollte, es wären deine."

„Hier liegt mein Weib, Gott sei's gedankt,
oft hat sie mit mir gezankt.
Oh, lieber Wanderer, geh gleich fort von hier,
sonst steht sie auf und zankt mit dir."

Doch was der Welt als Zeugnis einfacher Menschen verkauft wird, deren derb-komischer, volkstümlicher Humor selbst dem Tod noch eine heitere Seite abgewinnen kann, ist längst als Bluff entlarvt. Keine unbedarften Dorfpoeten schmiedeten derartige Verse, die auch gar nicht auf echten Grabmälern oder Marterln – den kleinen alpenländischen Gedenkmalen, die am Ort eines Unglücks errichtet werden – zu finden sind. Den von der streitsüchtigen Ehefrau beispielsweise verfasste ein richtiger Dichter, der Barockpoet Georg Rudolf Weckherlin. Und das nicht etwa vor ein paar Jahrzehnten, um dem Fremdenverkehr zu dienen, sondern schon im 17. Jahrhundert! Auch Übersetzungen und Nachdichtungen italienischer, französischer und englischer Spottgrabschriften lassen sich als Quellen solcher Texte nachweisen. Der angebliche Grabvers für das zänkische Weib ist, wie mir eine Bekannte mitteilte, fast wörtlich sogar im ungarischen Sprachraum bekannt. („Hál' istennek itt nyugszik a feleségem, Míg élt folyton veszekedett vélem. Siess vándor, mert hogyha fel talál kelni, Bizonyára veled is fog veszekedni! " – Schön, nicht?)

Udo Dickenberger, der sich mit dem Thema „Marterl" intensiv beschäftigt hat, weist nach, dass die unfreiwillig kauzigen Ergüsse gar keine richtigen Grab- und Gedenkinschriften sind, sondern in einer literarischen Tradition stehen, die bis in die Antike zurückreicht. Viele entstanden in – durchaus städtischer – lustiger Künstler- und Akademikerrunde, wo man seinen Spaß an gewollt rustikal-naiver (dorfdepperter) „Volkspoesie" hatte. „Jedes Jahr wieder präsentieren uns schlecht informierte Kulturberichterstatter Marterl als Belege für die angeblich so heitere alpenländische Volksseele." Dickenbergers Urteil ist vernichtend: „Abgeschmackter Unfug irgendwelcher trostloser Folklorewurzelseppen".

Schade eigentlich, dass die Dinger nicht echt sind. Es fehlt eben doch an Mut, auf den Grabstein zu schreiben, was dort hingehört, zum Beispiel: „Ich liege hier, aber gegen meinen Willen."

Manche wären vielleicht schon glücklich, überhaupt liegen zu können. Ob nämlich alle Mönche froh wären, in Santa Maria della Concezione ausgestellt zu werden, wage ich zu bezweifeln: In der römischen „Kapuzinerkirche" (wie sie dort nur genannt wird) darf der Tourist in fünf unterirdischen Kapellen die Gebeine von etwa 4000 ehemaligen Ordensmännern bewundern. Sie ruhen nicht etwa in steinernen Sarkophagen, sondern die Skelette, Schädel und Knochen sind an Wänden und Decken zu Mosaiken, Lampen und Ranken zusammengefügt.

Nun, so weilen die Verstorbenen anschaulich unter den Lebenden – und nützlich, denn natürlich heißt es, Eintritt zu entrichten! Aber wenigstens nur einmal. Die sterblichen Überreste der dahingeschiedenen Angehörigen des Habsburgerhauses wurden dagegen seit dem 17. Jahrhundert gleich auf drei Wiener Begräbnisstätten verteilt. Ihre Leiber bestattete man in der Kapuzinergruft, die bei der Einbalsamierung entnommenen Eingeweide erhielten ihren Platz in den Katakomben des Stephansdoms, und die Herzen konservierte man in silbernen Herzurnen, die in einer Kapelle der Augustinerkirche aufbewahrt werden. Als anno 1940 der Sarkophag des Herzogs von Reichstadt, der ein Sohn Napoleons war, auf Befehl Hitlers nach Paris gebracht wurde, blieb sein Herz in dieser kleinen Kapelle in Wien zurück.

Auch die Verstorbenen in der Türkei machten sich einmal höchst nützlich: Als dort nämlich eine Volkszählung stattfand, zählten die Verwaltungen vieler Ortschaften die „Einwohner" der Friedhöfe einfach hinzu, um höhere staatliche Subventionen für eine größere Einwohnerzahl kassieren zu können. So tun die Menschen noch als Tote gute Werke.

Bleibt nur noch, von den beiden alten Herren zu erzählen, die sich auf der Straße treffen.

„Wie geht's denn Ihrer Frau?", fragt der eine; doch siedend heiß fällt ihm im gleichen Augenblick ein, dass die Frau des anderen ja im Jahr zuvor verstorben ist. Und so fügt er einfach noch hinzu: „Liegt sie immer noch auf dem selben Friedhof?"

Die beste aller Welten

Töten als menschliches Grundbedürfnis

Skandal! Mitte der fünfziger Jahre war der Song des österreichischen Kabarettisten Georg Kreisler ein Hit; mit gedämpftem Wiener Schmäh sang er zu einer Walzermelodie:

„Schau, die Sonne ist warm und die Lüfte sind lau,
geh 'mer Tauben vergiften im Park.
Die Bäume sind grün und der Himmel ist blau,
geh 'mer Tauben vergiften im Park.
Wir sitzen zusamm' in der Laube
und jeder vergiftet 'ne Taube.
Der Frühling, der dringt bis ins innerste Mark
beim Taubenvergiften im Park."

Was will uns der Dichter damit sagen? War sein Thema denn wirklich die Dezimierung der Vögel in öffentlichen Grünanlagen? Oder griff er damit künstlerisch die satte Nachkriegsepoche an? Darüber darf gestritten werden. Zumindest scheint die Empörung unverständlich. Mittelalterliche Moritaten waren nicht so zimperlich, da wurde mit Begeisterung gemordet und hingerichtet, und nicht nur Tauben. Eine Volksweise aus dem 18. Jahrhundert dichtet munter (und unzählige Stimmen werden das Lied gesungen haben):

„Als ich ein jung' Geselle war, nahm ich ein steinalt Weib.
Ich hatt' sie kaum drei Tage, Ti-Ta-Tage,
da hatt's mich schon gereut, da hatt's mich schon gereut.
Da ging ich auf den Kirchhof hin
und bat den lieben Tod: 'Ach lieber Tod von Basel,
hol' mir meine Alte fort, hol' mir meine Alte fort' ...“

Ein Bekannter von mir, dessen Frau fremdging, klagte einem Freund sein Leid, und der fragte unbekümmert: „Hast du schon mal daran gedacht, sie umzubringen?“ Der Gehörnte errötete, verneinte empört, um dann verschämt zuzugeben: „Also, ermorden würde ich sie nie. Aber ich dachte schon mal, sie könnte ja einen Unfall haben.“

Darf man einen so sündigen Gedanken, einen Tötungswunsch, überhaupt zulassen? Karl Kraus, genialer Aphoristiker, entlarvte unsere doppelwertige Haltung: „Neulich ertappte ich mich dabei, wie ich plötzlich halblaut das Wort ‚Mörder' sagte. Zum Glück hatte mich niemand gehört. Hätte ich ‚Wucherer' gesagt, so hätten sich alle umgedreht und keine Erklärung hätte mir geholfen. So aber konnte ich erforderlichenfalls vorbringen: dass ich eben darüber nachgedacht hätte, wie nötig es wäre, die Todesstrafe teils abzuschaffen teils einzuführen. Und dass ich mich gerade zur Staatsprüfung vorbereite.“

Einen würdevollen Schlusspunkt unter sein Leben setzte Thomas Morus. Der ehemalige Lordkanzler König Heinrichs VIII. war zum Tode verurteilt worden. Die Vorgeschichte: Heinrich, ursprünglich ein überzeugter Verfechter der katholischen Lehre, war achtzehn Jahre lang mit Katharina von Aragon verheiratet gewesen, ohne dass diese dem Königshaus den nötigen männlichen Erben geschenkt hatte. Als seine Geliebte Anna Boleyn schwanger wurde, wollte der König die Ehe mit Katharina auflösen lassen, um Anna ehelichen zu können – die er übrigens bald nach der Heirat wegen Untreue hinrichten ließ, um danach noch vier Mal zu heiraten –, doch der Papst weigerte sich, die Ehe für nichtig zu erklären. Daraufhin gründete Heinrich seine eigene Kirche, die Kirche von England, deren Vorsitzender er selbst wurde. Der König oder die Königin von England ist seither und bis heute weltliches Oberhaupt der anglikanischen Kirche.

Thomas Morus hatte den unmoralischen und verschwenderischen Lebenswandel seines Monarchen nicht gutgeheißen, war aber klug genug gewesen, das nicht öffentlich zu kritisieren. Als Morus aber dem König und der Kirche von England die Treue geloben sollte, weigerte er sich und verblieb in der Glaubensgemeinschaft, in die er hineingetauft worden war.

Das Urteil wegen Hochverrats war gefällt. Thomas harrte im Kerker der Vollstreckung. Heinrich VIII., dem es eigentlich Leid tat, jenen Mann enthauptet sehen zu müssen, mit dem er einst in Freundschaft verbunden gewesen war, wollte ihm goldene Brücken bauen. Er ließ ein Widerrufspapier entwerfen, in dem Morus uneingeschränkte Treue zum König geloben sollte, inklusive Konfessionswechsel. Aber Morus blieb hart. Mehrmals lehnte er es ab zu unterzeichnen.

Als der Henker schon das Beil wetzt, kommt man noch einmal in die Zelle und fragt, ob er es sich nicht vielleicht doch anders überlegt habe.

„Ja“, antwortet er.

„Gut. Dann unterschreibt!“

„Nein, nein, so war das nicht gemeint“, schränkt der später Heiliggesprochene ein. „Ursprünglich wollte ich mir den Bart abnehmen lassen, bevor ich geköpft werde. Aber nun habe ich es mir noch einmal überlegt und entschieden: Der Bart bleibt dran!“

Galgen- oder treffender: Schafotthumor.

„Man muss bedenken, wie viele Tätigkeiten ein Scharfrichter beherrschen musste: Die Folterung, die Verstümmelungs- und Tötungstechniken, vor allem das Enthaupten, welches das verlangte ‚Meisterstück' war und bei einer Bewerbung ausdrücklich nachgewiesen werden musste. Es gehörte Körperkraft und beachtliches Geschick dazu, den Kopf des Verurteilten aus freier Hand zwischen zwei Halswirbeln hindurch mit einem Streich vom Rumpf zu trennen, noch dazu, wo eine Drehung des Oberkörpers erforderlich war, um gehörig ausholen zu können, wodurch ein genaues Zielen erschwert wurde. Darüber hinaus war das Beherrschen dieser Fähigkeit oft lebenswichtig: ‚Patzte' der Scharfrichter und schlug daneben, so wurde er zumindest geprügelt, oft auch von der aufgebrachten Menge getötet. Entkam er, wurde er entlassen und sogar bestraft. Gelang ihm freilich der Streich hervorragend, kam es durchaus vor, dass man ihn bejubelte und feierte", schreibt Wolfgang Schild in seinem Aufsatz über den „Scharfrichter", und fährt fort: „Christian Helfer berichtet in seinen ‚Henker-Studien', dass deshalb manche Scharfrichter artistische Fähigkeiten erlernten: So schaffte es ein Nürnberger ‚Meister', mit einem Streich den Hals des Verurteilten zugleich mit einem von diesem in der Hand gehaltenen Blumenstrauß durchzuschneiden oder sogar zwei Übeltäter auf einen Streich zu enthaupten. Und wer ein Richtschwert einmal aufgehoben hat, kann ermessen, allein welche Kraft dazu gehört haben muss, als 1444 der Scharfrichter von Bern an einem Tag nacheinander 72 Mann der Züricher Besatzung von Greifensee enthauptete. (...) So erfüllte der Scharfrichter eine bedeutende Rolle in dem Schauspiel der Hinrichtung, deren manche sich auch durchaus bewusst waren: Sie bemühten sich, mitzuspielen und gute Kritiken zu erhalten."

Der Beruf des Henkers ist bedauerlicherweise noch nicht ausgestorben, Diktaturen und auch die U.S.A. halten an der Todesstrafe fest. Von einem wartenden Kadidaten erzählt die satirische Kurzgeschichte „Die Würde des Menschen" von

Rüdiger Kaun. Jack Cabbage, ein Frauenmörder übelster Sorte, weist die Henkersmahlzeit zurück! Kotelett und Pommes frites munden ihm nicht; der Gourmet besteht auf vegetarischer Kost, auf Sauerampfersuppe, Wildkräuteromelett und dergleichen. Vollstreckungsaufschub wird beantragt und gewährt. Jack bekommt seinen Willen, und endlich kann ihm der Henker das Seil um den Hals legen.

Eine Dienstanweisung für den Henker müsste etwa lauten: „Seine Aufgabe ist das Töten von Menschen nach der Maßgabe des Gesetzes." Das unterscheidet ihn vom profanen Mörder, der aus Lust und Laune tötet.

Ein jüdischer Witz: Am Abend der Silberhochzeit sitzt das Jubelpaar auf dem Sofa, die Gäste sind schon nach Hause gegangen. Der Mann schaut betrübt drein und die Frau fragt ihn, was denn los sei. Da bekennt der Mann: „Ich will ehrlich sein! Als wir fünf Jahre verheiratet waren, da hätte ich dich am liebsten umgebracht. Damals besprach ich mich mit meinem Advokaten, der meinte, ich müsste dann wohl für zwanzig Jahre ins Gefängnis. – Ich wär' heut' frei!" (Dem Mann fehlt Geduld! Einmal kam nämlich ein sehr altes Ehepaar, beide über hundert Jahre alt, zum Scheidungsanwalt. „Lohnt sich das denn noch?", fragte der Jurist vorsichtig. Der Ehemann kommentierte: „Wissen Sie, wir haben uns nie gemocht. Wir haben nur gewartet, bis die Kinder tot sind.")

Es mangelt an der political correctness. Oder stellen wir heutzutage übertriebene Anforderungen? Als Kind sang ich ohne Skrupel während der Ausflüge der Katholischen Jugend auf die Melodie von „Hejo, spann den Wagen an" den Text:

„Blut, Blut, Räuber saufen Blut! Mord und Dampf und Pulverdampf sind gut. Hängt ihn hoch am Galgen! Hängt ihn hoch am Galgen!" – Und das auch noch im Kanon ...

Nein, so leichtfertig über das Töten zu sprechen, das geht nicht. Halten wir es mit Edmund Wilson, der feinsinnig formulierte: „Ich könnte niemals jemanden töten. Jedenfalls keinen, den ich nicht kenne.“ (Das war übrigens als Kommentar zum Krieg gedacht.)

Ja, der Krieg, Hochkonjunktur des Todes. Oder bemerken so etwas nur die Unerfahrenen? Die Spielverderber? Während des Studiums haben wir alte Menschen nach ihren Kriegserinnerungen befragt. Die wenigsten erwähnten zuerst den Tod und die Zerstörungen. Soldaten schwärmten von der Kameradschaft im Schützengraben und waren überhaupt von der Möglichkeit des staatlichen Fremdenverkehrs angetan: Erst der Krieg brachte ja seinerzeit einfache Leute ins Ausland, nach Paris oder ans Meer, gar nach Afrika. Manche allerdings mussten in den kalten Osten, und da war es nicht so schön, nix mit Wintersport und so. Eine Frau aus Reutlingen weiß heute noch wie damals, was der zweite Weltkrieg anrichtete: „Die habet mir mei Fahrrad g'stohle!“ Na, na!

Der schwedische Romancier Lars Ardelius erzählt in seinem Buch „Gedanken über den Tod“ von einem Besuch im Marinemuseum in Karlskrona. Dort wird eine Palme ausgestellt, die ganz aus Waffen gebastelt ist: der Stamm aus Bajonetten, die Blätter aus Pistolen, die Wurzeln aus Kanonen. Ardelius erzählt: „Ein friedlicherer Ort als das Marinemuseum von Karlskrona läßt sich kaum finden, aber vor dem Waffenhain stehend, glaubte ich die Parole hart und grell wie einen Kriegsruf erschallen zu hören: 'Es lebe der Tod!' (...) Welche politische Partei würde im Europa der 90er Jahre mit einem solchen Slogan Mitglieder gewinnen? Vielleicht kann man wagen zu hoffen, dass bestimmte Formen der romantischen Todesverehrung trotz allem auf immer diskreditiert sind? Ich blieb vor dem Hain stehen, als erwartete ich mir eine Antwort. Der Grund aber war der etwas verirrte Wunsch, vor Unangenehmem nicht zurückzuschrecken. Und jetzt fiel mir auf, dass man für Hintergrund und Podium ganz stilrichtig eine rohe

Fleischfarbe gewählt hatte. Sie verursachte mir Übelkeit, was mich aber doch am stärkten beeindruckte, war der Stamm der Palme, der aus lauter Bajonetten bestand. Ich wußte auch, warum: Das rief Erinnerungen an Wehrpflicht und an Übungen im Nahkampf hervor. Zur Ausbildung gehörte, dass man lernte, wie man sein Bajonett richtig in eine menschliche Strohpuppe steckt. Man drehte die Waffe und beförderte den imaginären Feind mit den Füßen dann von sich weg. Letzteres, dass man nicht von Blut bespritzt wurde, oder noch schlimmer: Damit der Sterbende sich einem nicht an den Hals hängte."

Was tut man nicht alles für den Frieden? Während der Friedensbewegung der achtziger Jahre wurde man kreativ: Beten für den Frieden, auch Protestieren, Schweigen, Stricken für den Frieden. Und die Soldaten konterten, sie würden eben schießen für den Frieden. In der Tat: Über die Losung des Waffelstandes beim Pfarrfest kann man nur schmunzeln: „Waffeln statt Waffen!"

Nicht so zimperlich sind da andere Länder. Ein amerikanisches Atom-U-Boot trägt den vertrauenerweckenden Namen „Corpus Christi": welch seligen Tod seine Raketen verheißen! Und auch ein kleiner Junge stand im Dienst der USA: Die Atombombe, die am 6. August 1945 auf die japanische Stadt Hiroshima niederging und insgesamt – mit den Opfern der Spätfolgen – an die hunderttausend Menschen tötete, war liebevoll „little boy" getauft worden.

Übrigens haben uns die Kriege der neunziger Jahre ein neues Wort geschenkt: „Kollateralschäden". Das sind, kurz gesagt, alle Verluste an Mensch und Sache, die nicht militärisch sind. Kombattanten, also kriegsteilnehmende Soldaten, sind auf allen Seiten stets „gefallen" (was klingt wie gestolpert), sie sterben den euphemistischen „Heldentod", bleiben auf dem (matschigen) „Feld der Ehre" oder, noch einfacher, sie „kehren nicht heim".

Anachronistisch, aber sympathisch die Problemlösung, die der jüdische Witz vorschlägt: Der Kompaniechef feuert die Truppe an: „Auf in den Kampf, Mann gegen Mann!" Da tritt Finkelstein hervor und bittet: „Können Sie mir wohl bitte meinen Mann zeigen? Ich möchte ihm eine gütliche Einigung vorschlagen."

In den Zeiten vor der ökonomisch begründeten Notwendigkeit, die Truppenstärke zu reduzieren, war es nicht leicht, den Wehrdienst zu verweigern. Junge Männer mit solchem Ansinnen hatten Verfahren hinter sich zu bringen, in denen ihre Gesinnung überprüft und bewertet wurde. Eine der häufig gestellten Standardfragen war, wie man sich denn in dieser (alltäglichen) Situation verhalten würde: „Stellen Sie sich vor, Sie gehen mit Ihrer Freundin durch den Wald spazieren, da kommt ein Russe aus dem Gebüsch gesprungen und will Ihre Partnerin vergewaltigen. Ach ja, und Sie haben zufällig eine Maschinenpistole dabei." – Die einzig brauchbare Antwort gab die Kölner Pop-Gruppe BAP in einem Lied, in dem der Gefragte sinngemäß antwortet, er würde warten, bis der Russe fertig sei und in der Zwischenzeit einen Christbaum schlagen ...

Aber auch Pazifismus kennt ein Maß. Von einem deutschen Diplomaten hörte ich folgende Episode. Er erzählte von einem Gespräch, das er mit dem ehemaligen israelischen Staatspräsidenten Navon führte. Der berichtete vom Mittagessen zu Hause, wo er leichthin davon erzählt hatte, dass er am Vormittag den italienischen Botschafter empfangen habe. Daraufhin entsetzte sich seine jugendliche Tochter: „Aber Vater, wie kannst du nur – nach Masada!" (Die Festung Masada war im Jahre 74 n. Chr. nach heroischem, erbittertem Widerstand der Juden von den Römern vernichtet worden, das jüdische Volk daraufhin in die Diaspora zerstreut ...) Welche Halbwertzeit hat die Erinnerung an Leiden, Zerstörung, Tod?

Krieg und Frieden wechseln sich ab. Anscheinend ist das

die Regel. Die Feststellung, dass sich schließlich mit beidem Geschäfte machen lassen, wird man mir möglicherweise ankreiden, als Äußerung, die geeignet sei, wohlmeinende Stahlunternehmen zu diskreditieren. Akzeptiere das Leben, wie es ist, lerne ich; es ist nun mal so. Robert Gernhardt formuliert das folgendermaßen:

„Katz und Maus
Die Katze spricht: Ich bin nicht so,
wie alle Welt vermutet.
Ich töte Mäuse, ja, jedoch,
mit einem Herz, das blutet.
Mit einem Herz, das zuckt und schreckt,
mit einem Herz, das leidet –
Mit meinem Herz? Nein, dem der Maus!
Denn wenn uns etwas scheidet,
die Maus und mich, dann ist es das:
Ich bin der Fresser. Sie ist Fraß."

Die Welt so zu nehmen, wie sie ist, das ist das eine. Sie aber verstehen zu wollen das andere. Das Verstehen war immer schon Aufgabe der Philosophen, also jener, die, übersetzt, „die Weisheit lieben". Es ist so schon schwierig genug. Aber vollends kompliziert wird es, wenn die Religion ins Spiel kommt. Die Gottesidee macht die Sache nicht leichter, denn nun muss Gott von den Menschen gerechtfertigt werden, wie er eine so unvollkommene Schöpfung verantworten konnte.

Schon der griechische Philosoph Epikur von Samos (341–270 v.Chr.) meinte: „Entweder will Gott die Übel beseitigen und kann es nicht, oder er kann es nicht und will es nicht, oder er kann es und will es nicht, oder er kann es und will es. Wenn er nun will und nicht kann, so ist er schwach, was auf Gott nicht zutrifft. Wenn er kann und nicht will, dann ist er missgünstig, was ebenfalls Gott fremd ist. Wenn er nicht will und nicht kann, dann ist er sowohl missgünstig wie auch schwach, und dann auch nicht Gott. Wenn er aber will und kann, was sich allein für Gott ziemt, woher kommen dann die Übel und warum nimmt er sie nicht weg?"

Epikurs Zusammenfassung beschreibt ein Trilemma, also drei Dinge, die per definitionem unvereinbar sind: Gottes Allmacht, Gottes Liebe und das Leiden in der Welt. Nun hat man immer wieder versucht, Gott zu entlasten, indem man auf die menschliche Freiheit, Böses zu tun, hinwies, aber damit waren Naturkatastrophen wie Flutwellen oder Erdbeben, die Tausende dahinraffen, noch nicht hinreichend erklärt. Dann wäre wohl ein Schmerz hier, ein Problem dort als Prüfung Gottes anzusehen, vielleicht auch als Strafe für böse Taten; doch wer mag sich davon überzeugen lassen? Ein neunjähriges Mädchen, das vom Nachbarn vergewaltigt wird; das Flugzeug, das abstürzt – eine solche allem Anschein nach wahllose Prüfung oder Strafe spricht nicht gerade für Gottes Liebe, eher für seine Launen- oder Boshaftigkeit.

Besteht für die Opfer von Leiden ein qualitativer Unterschied, je nach dem, ob das Leiden nun auf menschliches Versagen zurückgeht (und dazu zählen im weitesten Sinne alle Unzulänglichkeiten, von Fahrlässigkeit bis zur Aggression) oder aber in „natürlichen", letztlich jedoch unerklärbaren Ursachen zu finden ist? Das vermag ich nicht zu beurteilen. Aber reichen unsere Interpretationsmodelle denn aus, um verstehen zu können? Warum sind Menschen überhaupt fähig und bereit, sich gegenseitig die Köpfe einzuschlagen und verfügen nicht über die Beißhemmung, die viele Tiergattungen bei ihresgleichen am Töten hindern? Oder warum klagen wir über Naturkatastrophen? Für die Natur sind gewaltige Umbrüche nicht katastrophal, sondern Schritte der Evolution. Für den Menschen mag das alles furchtbar sein, aber wen kümmert das im weiten All, wo die Erde nur einen Partikel darstellt?

Glaubende antworten: Gott kümmert das. Und sie klagen, warum Gott, der doch eingreifen könnte, nicht eingreift. Aber möglicherweise liegt das Problem weiter zurück, nämlich in der Schöpfung selbst begründet? Sind nicht die „Freiheit des Menschen“ einerseits und die Beschaffenheit unseres Planeten im Sonnensystem andererseits mit fundamentalen Konstruktionsfehlern belastet? Auf den Punkt gebracht: Was soll der Mensch auf dieser Welt? Er ist in seiner Unvollkommenheit nicht geschaffen, um mit den Problemen fertig zu werden, die zu lösen ihn überfordern. Sture, dogmatische Lösungsansätze bringen uns offensichtlich nicht zum Ziel. Manchen Problemen muss man sich assoziativ annähern, fragend, vergleichend, mit Gedankenbruchstücken spielend. Wir müssen lernen, mit offenen Fragen zu leben.

Das aber gelingt nicht jedem: Gottfried Wilhelm Freiherr von Leibniz (1646–1716), als „größtes deutsches Universalgenie“ bezeichnet, und auch laut Lexikon das letzte solche, erlöste mit seinem Standardwerk „Die Theodizee“ den bedrängten Gott, dem man gottweißwas unterstellte. Der aus den griechischen Wörtern theos (Gott) und dike/dikaia (Recht) zusammen gesetzte Begriff meint etwa „Rechtfertigung Gottes“. Es geht darum, nachzuweisen, dass die Existenz von Übeln – Leid, Unglück, Schuld, Tod – nicht die Überzeugung von der Existenz eines unendlich vollkommenen Gottes aufheben könne.

Leibniz’ genialer Schachzug: die Eigenschaften Gottes (Allmacht und Liebe) tastete er nicht an. Was soll man auch an einen schwächlichen Schöpfer glauben, der erst eine Welt erschafft, die ihm dann über den Kopf wächst. Auch Gottes Güte steht nicht zur Disposition: ein Gott, der aus Boshaftigkeit oder Langeweile den Menschen quält, oder einer, dem das, was er angerichtet hat, schlicht gleichgültig ist, wäre absurd.

Bleiben nur die Leiden. Sind sie denn wirklich so arg? Die meisten fühlen sich doch pudelwohl auf Mutter Erde. Das bisschen Mühe und Plag. Stell dich doch nicht so an! Im Großen und Ganzen leben wir in „der bestmöglichen aller Welten!" – Tusch!

Immanuel Kant meinte, dieser wie alle Versuche einer Theodizee seien zum Scheitern verurteilt. Arthur Schopenhauer bemühte sich, auch Gutes zu entdecken: schließlich habe Leibniz' Werk Voltaire veranlasst, seinen bitterbösen Roman „Candid oder: Die beste aller Welten" zu schreiben. Candid ist ein junger Mann, der mit seinem Lehrer Pangloß die Welt durchwandert. Den beiden passieren alle nur möglichen Grausamkeiten, aber sie wollen an ihrem Glauben festhalten. Im sechsten Kapitel lesen wir: „Nach dem Erdbeben, das Dreiviertel von Lissabon zerstört hatte, wußten die Weisen des Landes kein wirksameres Mittel gegen den völligen Untergang der Stadt zu finden, als dem Volke den Anblick eines schönen Autodafé [einer Hinrichtung] zu gewähren. Die Universität Coimbra hatte das entscheidende Wort gesprochen, dass das Schauspiel einiger feierlichst auf langsamem Feuer verbrannter Menschen ein unfehlbares Mittel sei, die Erde am Beben zu hindern. Man hatte infolgedessen einen Biskayer aufgegriffen, der der Ehe mit einer Gevatterin überführt worden war, und zwei Portugiesen, die beim Verzehr eines Huhnes den Speck fortgeworden hatten [also Juden, die kein Schweinefleisch essen] und nach Tisch fesselte man den Doktor Pangloß und seinen Schüler Candid, den einen, weil er gesprochen, den anderen, weil er mit beistimmender Miene zugehört hatte; beide wurden getrennt, in zwei außerordentlich kühle Gemächer gebracht, in denen einen die Sonne niemals belästigt. Acht Tage später wurden sie beide mit einem Sanbenito [Hinrichtungsgewand] bekleidet, ihre Häupter schmückte man mit Papiermitren. Candids Mitra und Sanbenito waren mit umgekehrten Flammen und mit Teufeln ohne Schwanz und Klauen bemalt; Pangloß' Teufel jedoch hatten Klauen und Schwänze, und die Flammen standen aufrecht. So bekleidet schritten sie in einer Prozession einher und mussten eine sehr pathetische Predigt anhören, der eine schöne Trauermusik folgte. Candid wurde während des Gesangs mit Ruten gepeitscht; der Biskayer und jene beiden, die durchaus keinen Speck hatten essen wollen, wurden verbrannt, und Pangloß hängte man, obschon das sonst nicht Brauch war. Selbigen Tages bebte die Erde noch einmal unter fürchterlichem Getöse."

Ist nicht alles im wahrsten Sinne „ver-rückt", aus der Bahn gekommen? Zwar bilden wir uns ein, in einem geordneten Kosmos zu leben, wo alles bestimmten Gesetzmäßigkeiten unterworfen ist. Aber letztlich bleibt unsere Existenz, das ganze Sein ein chaotisches Durchboxen gegen die Zufälligkeit. Wie damit umgehen? Resignieren? Den Kampf aufnehmen? Einen Königsweg gibt es nicht. Konsequenterweise sollten wir auch die Entscheidung jener Menschen respektieren, die freiwillig aus diesem Leben scheiden wollen. Vom „Selbstmord" spricht man heute nicht mehr gern. Und doch erfüllt der Suizid ja das Kriterium des Tötens mit Absicht. Es wollen übrigens viel mehr, als es auch tatsächlich umsetzen:

„Da war ein Mann, der wollt' so gern nicht mehr leben.
Was er auch ansah, er sah alles Grau in Grau.
Der Trieb war ihm schon von Geburt an mitgegeben
wie einem anderen sein starker Körperbau.
In jedem Mai verspürte er ein heißes Drängen
am nächsten grünen Ast sich schnurstracks aufzuhängen.
Kein frommer Wunsch, jedoch bescheiden sicherlich.
Des Menschen Lust, das ist sein Leben, finde ich."

Von dem armen Kerl singt Hermann van Veen ein bedrückend schönes Lied. Dieser Mann konnte sich als Junge nicht auf den

Bahndamm stürzen, wie er es gern getan hätte, weil er seine Eltern nicht ins Unglück treiben wollte. Als diese tot waren, konnte er die Tabletten nicht nehmen: aus Rücksicht auf seine Frau. Als auch sie endlich nach Jahren gestorben war, da kümmerte er sich noch um die Kinder, obwohl er schon eine passende Stelle an der Brücke ausfindig gemacht hatte, von der zu springen seine Erlösung gewesen wäre. Endlich! Die Kinder aus dem Haus, frei, seinen Entschluss umzusetzen, machte er sich auf den Weg zur Brücke.

Doch ach, da fand er einen kranken Hund! Wer sollte den pflegen, wenn nicht er?

„Da war ein Mann, der wollt so gerne nicht mehr leben,
er hatte nicht mal einen ganz bestimmten Grund.
Ich könnte ihm etliche gleich aus dem Stegreif geben,
und dabei fühle ich mich noch seelisch recht gesund ...
Mein Gott, um endlich an sein liebstes Ziel zu kommen,
hätt jeder andere es nicht so genau genommen.
Wie dem auch sei, das hat der Mann nun doch getan.
Er starb normal wie jeder andre irgendwann."

Manchmal schreibt das Leben unglaubliche Geschichten: Nehmen wir den Mann, der sich beim Sex eine Schlinge um den Hals legte, um durch die verminderte Sauerstoffzufuhr den Orgasmus zu steigern. Es sollte sein letzter werden, er erstickte. (Sollte er sich wirklich absichtlich umgebracht haben? Auf jeden Fall zahlte die Lebensversicherung nicht an die Witwe.)

Pietätlose Gemüter in den USA haben sogar eigens einen Preis geschaffen, den „Darwin Award", der posthum jenen verliehen wird, die selbstverschuldet, meist durch Dummheit aus dem Leben scheiden. Ein Beitrag von Tanja Kokoska in der Frankfurter Rundschau erzählt ein paar Beispiele, die weinen und lachen machen:

„Augusto Lakandula hat gesiegt. In der Disziplin ‚Tod durch Dummheit' hat der philippinische Luftpirat die Konkurrenz aus dem Feld geschlagen. Am 25. Mai 2000 bestieg Lakandula in Davao City ein Passagierflugzeug der Philippine Airlines in Richtung Manila, im Handgepäck eine Granate, eine Handfeuerwaffe und einen selbstgebastelten Fallschirm. Nach gut einer Stunde Flugzeit bedrohte er den Piloten und die Fluggäste. Er nahm den Passagieren ihr Bargeld ab und bereitete sich zum rettenden Absprung vor. Lakandula zog die Handgranate, warf jedoch nur den Stift in die Kabine und stürzte mit dem scharfen Sprengkörper aus 1800 Metern in die Tiefe. Bei der Bergung seiner Überreste fand man auch den Fallschirm, noch immer ungeöffnet. Die Maschine landete mit geringer Verspätung ohne weitere Zwischenfälle auf dem Flughafen in Manila. (...) Der Luftpirat Lakandula traf bei der Preisverleihung der 2000 Awards jedenfalls auf eine starke Konkurrenz.

Zum Beispiel auf Benjamin, den vormaligen Fahrer eines mit rund 180 Tonnen Gülle gefüllten Lastzugs. Die Polizei im US-Bundesstaat Maine vermutete, dass er mit deutlich überschrittener Höchstgeschwindigkeit in die sehr scharfe Rechtskurve vor der Einfahrt zum Klärwerk einbog. Der Lastzug durchbrach einen eisernen Zaun, raste durch den Vorgarten und riss die Absperrung nieder, die den fünf Meter tiefen Abwassertank umgab. Taucher fanden den ertrunkenen Benjamin in der Fahrerkabine seines Lastzugs, ganz unten am Boden des Tanks – shit happens.

Auf ähnlich unappetitliche Weise verschied zuvor der Tierwärter Friedrich aus Paderborn. Unter seiner Obhut befand sich der Elefantenbulle Stefan, der unter heftiger Verstopfung litt. Friedrich verabreichte dem geplagten Dickhäuter 22 Dosen Abführmittel. Das Ergebnis traf den Wärter wie eine entfesselte Naturgewalt. Stefans Wohltäter erstickte unter der fast 100 Kilo schweren Last."

Wie erfrischend harmlos sind dagegen doch herkömmliche Leichen! Doch auch die können Probleme machen: Die zwei Polizisten finden vor dem Gymnasium einen Toten.

„Du“, fragt der eine seinen Kollegen, „wir müssen einen Bericht anfertigen, aber – wie schreibt man Gymnasium?“

Der andere kratzt sich am Kopf und antwortet: „Komm, schleppen wir ihn vor die Post.“

Wenn der Toaster austritt aus seiner Toasterschaft

Was nachher kommt, ist Glaubenssache

„Durch Schweinehauer zu sterben gilt als ehrenvoller Tod.“

Mit diesen Worten beginnt der schwedische Journalist Willy Kyrklund sein Buch „Vom Guten“, eine essayistische Annäherung an die ethische Frage, was Gut-Sein bzw. was Güte bedeutet, und da landet er letztlich auch beim Inbegriff des Guten, bei Gott. Kyrklund fährt fort: „Ehrenvoll in gleichem Maß wie für den Keiler, wenn er daliegt, erlegt, durchbohrt von vielen Spießen, umgeben von johlenden Griechen. Betrachten Sie jetzt, geehrter Leser, den Hauer des Keilers. Charakteristisch aufgebogen, ragt er seitlich zwischen den Lippen heraus. Der Zahn wächst auf offenliegender Wurzel und hat Zahnschmelz nur auf einer Seite. Er scheuert sich an dem entsprechenden Zahn im Unterkiefer, wodurch der Zahnschmelz zu einer scharfen Kante geschliffen wird. Diese Eigenschaften machen ihn zu einer ausgezeichneten Waffe, mit welcher ihr Besitzer leicht den Bauch eines Hundes oder die Kniekehle eines Mannes aufschlitzen kann, der hierdurch verblutet. In Bezug auf die Entstehung dieses Zahns hat man zwei Theorien aufgestellt. Die eine Theorie läuft darauf hinaus, dass das Schwein allerlei zufällig zustande kommende Zahnreihen habe erproben müssen, dass aber die Schweine mit ungeordneten Zähnen verhungert oder aufgefressen worden seien, bevor sie Zeit hatten, ihre Eigentümlichkeit den Nachkommen zu vererben. Das ist Darwins Selektionstheorie und sie kann als ganz wahrscheinlich gelten, was den Schweinezahn betrifft. Doch im Hinblick auf den Aufbau der komplizierten Systeme wie der Flugtüchtigkeit, die die Entwicklung der Feder aus der Schuppe einschließt, kann man sich fragen, ob die Zwischenstadien immer den Überlebenswert hatten, der nötig war, um dann, zu gegebener Zeit, das effektive Endprodukt zu ermöglichen. Die zweite Theorie ist einfacher und älter. Postuliert die Existenz eines zweckgerichteten Prinzips der Schöpfung. Das ist die teleologische [zielgerichtete] Gottesvorstellung. Diese Theorie leidet an der Schwäche, im Rahmen des menschlichen Wissens nicht verifiziert werden zu können."

Nein, wissenschaftlich beweisen kann man die Existenz Gottes nicht. Aber das hat Menschen nie daran gehindert, an ihn zu glauben. Er scheint sogar besonders aus der Sterblichkeit des Menschen Kapital zu schlagen. Friedrich Nietzsche bemerkte einmal spitz, gäbe es den Tod nicht, bedürfte es auch keiner Religion.

Nun aber gibt es den Tod, und das stürzt viele in Zweifel. Die ganz Klugen halten sich alle Optionen offen – wie Voltaire, der betete: „Gott (wenn es ihn gibt) sei meiner Seele gnädig (wenn ich eine habe)."

Ob der Tod nun als Strafe Gottes angesehen wird oder das Sterbendürfen ein Geschenk der Götter ist – jede Religion muss den Tod in ihr System integrieren. Sie formuliert neben den Heilserwartungen auch Heilsbedingungen, also die Zugangsvoraussetzungen für die Gläubigen. Die Religion akzeptiert die Sterblichkeit des Menschen, aber sie kapituliert nicht vor dem Tod. Sie kann helfen, Sterben und Tod zu akzeptieren, auch wenn damit nicht automatisch die Angst vor dem Ungewissen verschwunden ist.

Davon erzählt das arabische Märchen „Allahs Bote", das Hubert Böke folgendermaßen übertragen hat:

„,Oh König, leih mir dein schnellstes Kamel. Ich muss sofort nach Bagdad reiten.'

Mit fliegenden Gewändern war der Gärtner des Königs die Stufen des Palastes in Damaskus hinaufgestürzt.

,Was ist denn passiert, was dich so erschreckt hat?'

,Mein König', antwortete der Gärtner aufgebracht, ,soeben ist mir im Garten der begegnet, den sie den Boten Allahs heißen. Er hat die Arme erhoben und mir gedroht. Deshalb muss ich fort. Fern von hier, in Bagdad werde ich sicher sein.'

Der König zögerte nicht und gab dem Gärtner sein bestes Kamel. Dieser ritt auf der Stelle los, so schnell das Tier laufen konnte. Der König aber begab sich in den Garten, wo er tatsächlich den Tod antraf. Er schimpfte mit dem Tod: ,Was denkst du dir dabei, meinen treuen Gärtner so zu bedrohen?'

Allahs Bote schüttelte den Kopf: ,Ich habe deinen Gärtner nicht bedroht, er war nur überrascht.'

Der König zornig: ,Mach mir keine Ausflüchte. Du hast ihn zu Tode erschreckt.'

,Oh nein', antwortete der Tod, ,ich habe nur die Hände über dem Kopf zusammen geschlagen ... Ich war verwundert, deinen Gärtner hier in Damaskus zu sehen. Mein Auftrag ist, ihn heute Abend fern von hier, in Bagdad, zu holen.'"

„Wenn sie nicht gestorben sind, dann leben sie noch heute" enden die Märchen in der Regel. Märchen wirken bekanntlich ähnlich wie Mythen, sie können Grundbefindlichkeiten des menschlichen Seins veranschaulichen. Ihre Akteure sind Archetypen: Personifizierungen von Eigenschaften, die in uns allen vorkommen.

Doch manchmal werden auch Märchen Realität! Im November 2000 berichtete die Frankfurter Rundschau (auf Seite eins!): „Tierärzte haben in Moskau das Märchen vom

Rotkäppchen Wirklichkeit werden lassen. Das klägliche Quieken eines Hamsters aus einem Hundemagen sowie die Tränen der fünfjährigen Besitzerin beider Tiere hatten die Veterinäre spontan zu einer ungewöhnlichen Operation veranlasst. Beim Spielen in der Wohnung war der Hamster aus der Hand des Mädchens direkt vor die Füße des Jagdhundes gesprungen, der das Nagetier ,zum Fressen gern' hatte, berichtete am Mittwoch die Komsomolskaja Prawda. In einer tierärztlichen Klinik wurde der Hund betäubt, nach wenigen Minuten konnte der bereits bewusstlose Hamster aus dem Magen herausoperiert werden. Die Wiederbelebungsmaßnahmen waren erfolgreich, der Hund wurde ,wie der böse Wolf zugenäht'. Das Mädchen konnte seine beiden Lieblinge sogleich wieder nach Hause mitnehmen."

Nicht jeder aber hat so ein Glück. Als die Stewardess fragt, ob sich unter den Passagieren jemand befinde, der regelmäßig bete, meldet sich verlegen ein kleiner dicker Herr. „Dann werden Sie wohl nichts dagegen haben, freiwillig auf einen Fallschirm zu verzichten", erklärt die Stewardess: „Wir stürzen nämlich ab und haben einen zu wenig."

Jener arme Kerl hatte noch vor sich, was der folgende bereits hinter sich hat: Als Herr Kohlberg aus der Operation erwacht, fragt er den Arzt: „Aber, Doktor Kaiser, hat es denn so lange gedauert? Ihnen ist ja ein richtiger Bart gewachsen!"

„Was heißt hier ,Doktor Kaiser'?", antwortet der Mann zur Begrüßung. „Ich bin Petrus!"

In allen Kulturen haben sich die Theologien bzw. Theorien des Todes erst mit der Zeit entwickelt. In den Religionen dauerte es oft Jahrhunderte, bis bruchstückhafte Aussagen in den Heiligen Schriften und sich widersprechende Inhalte des Glaubens vereinheitlicht und harmonisiert wurden. Manchmal musste man sich auch auf Analogieschlüsse zurückziehen, weil der Religionsstifter keine konkreten Aussagen zu bestimmten Fragen gemacht hatte.

Dass ein Mensch stirbt – für das Christentum ist das die Folge der Sünde. Im Römerbrief (5,12) heißt es: „Deshalb, wie durch einen Menschen die Sünde in die Welt gekommen ist und der Tod durch die Sünde, so ist der Tod zu allen Menschen durchgedrungen, weil sie alle gesündigt haben." Der Tod ist also ein grundsätzliches Übel. Juden und Muslime anerkennen die Macht die Todes, gestehen Gott als Herrn über Leben und Tod zu, dass er Tag und Stunde bestimmen darf, wann jemand sterben darf. Der Tod an sich wird allerdings als eine der notwendigen Durchgangsstationen auf dem Weg zum Ziel des ewigen Lebens betrachtet. Der Tod hat keine eigene Macht und er ist keine Strafe. Er gehört dazu.

Für Hindus und Buddhisten ist das Sterben des Einzelnen nur eine Schwellenhandlung von einer Existenz in eine andere. Wichtig ist, einmal aus dem Kreislauf der Wiedergeburten aussteigen zu können. Allerdings ist der geistige Zustand im Augenblick des Todes entscheidend für die Qualität der nächsten Inkarnation. Deswegen bereitet man sich immer auf den Tod vor und hält ihn sich vor Augen.

Was nach dem Tod geschieht, weiß von den Lebenden niemand. Weit verbreitet ist aber die Vorstellung, dass der Mensch in mindestens zwei Teile zerfällt: den Körper, der als Leichnam „entsorgt" wird (bestattet oder verbrannt, den wilden Tieren ausgesetzt oder im Meer versenkt), und die Seele. Was erwartet einen Menschen jenseits der Todesschwelle? Wird er vor ein Gericht gestellt, wo man über alle seine guten und schlechten Taten urteilt? Den alten Israeliten war diese Vorstellung fremd. Sie waren überzeugt, Lohn und Strafe für gute und schlechte Taten zeigten sich bereits in diesem Leben. An ein Gericht glauben aber die Muslime und auch die Christen, wobei die sich nicht einig sind, ob es für jeden Einzelnen nach seinem Tod stattfindet oder für alle Toten gemeinsam am Ende der Zeiten, als Jüngstes Gericht. Hindus und Buddhisten erwarten kein Gericht; jeder richtet sich aber mit seinen Taten selbst und beeinflusst damit die nächste Wiedergeburt.

Gibt es im Jenseits Lohn und Strafe, Orte der Freude oder der Qualen, einen Himmel und eine Hölle, vom Satan regiert? Wer weiß das schon? Aber prophylaktisch wünscht ein irisches Segenslied:

„Hab unterm Kopf ein weiches Kissen,
habe Kleidung und das täglich Brot;
sei über vierzig Jahre im Himmel
bevor der Teufel merkt, du bist schon tot.“

Petrus begrüßte einmal einen berühmten marxistischen Philosophen und fragte ihn, ob er in den Himmel oder in die Hölle wolle. Der Philosoph antwortete, er sei Empiriker; um eine angemessene Entscheidung fällen zu können, müsse er beides gesehen haben.

Also gut. In der Hölle zeigte ihm Petrus einen Saal, in dem Greise saßen, jeder mit einer wunderschönen Frau auf dem Schoß. Im Himmel zeigte Petrus genau das gleiche.

Auf die Frage, was denn nun der Unterschied zwischen Himmel und Hölle sei, antwortete Petrus: „Das ist angewandte Dialektik: Unten ist die Hölle für die Frauen und oben der Himmel für die Greise.“

Juden und Christen halten sich mit der Schilderung des Jenseits zurück; Muslime malen das Paradies in schillernden Farben aus: Smarte Jünglinge kredenzen Wein – der ja auf Erden verboten ist – in silbernen Schalen, und er macht nicht einmal Kopfweh! Andererseits wird die Hölle ebenso detailreich beschrieben.

Liegen zwischen dem Tod und den eigentlichen Zielen Zwischenstationen, eine Ruhezeit bis zum Jüngsten Tag etwa, der sich nach muslimischem Glauben als kosmische Katastrophe ankündigt? Auch biblische Hinweise lassen sich für eine solche Vorstellung finden. Wartet aber zuvor ein Fegefeuer?

Fragen über Fragen. Warum machen wir es so kompliziert? Lauschen wir den Kindern. Die spüren intuitiv, was Sache ist. In einem Ratgeber für den Umgang mit dem Thema Tod im Kindergarten zitieren die Herausgeber Christoph Scheilke und Friedrich Schweitzer eine authentische Disputation zwischen zwei Dreikäsehochs:

„Weißt du, was aus den Menschen wird, die tot sind?"

„Die werden Engel!"

„Nein! Engel werden nur die Mädchen. Die Jungen werden Weihnachtsmänner."

Worin besteht das höchste Glück: in der Anschauung Gottes, im Wohlergehen von Leib und Seele, in der Selbsterkenntnis? Die Jenseitsentwürfe der Religionen sind höchst unterschiedlich. Manche kennen Stätten des Lohnes und der Strafe und lokalisieren diese unter der Erde, unter dem Meer, im Himmel oder in weiter Ferne. Andere glauben nur an eine weitere Existenz für jene, die „erfolgreich" die Prüfungen des Lebens und Sterbens bestanden haben; die anderen hören auf zu existieren. Während die einen die Totenreiche detailreich beschreiben – wie das muslimische Paradies, oder die Insel der Seligen in der griechischen Religion, oder Avalon, das „Apfelland" der Kelten –, bevorzugen andere Religionen Gleichnisse und Bilder: Wie eine Hochzeit sei das Reich Gottes, sagen die Christen, mit der Betonung des „wie". Nicht näher beschrieben wird üblicherweise in Naturreligionen das Kollektiv der Ahnen. Die Beurteilung der Qualität des jenseitigen Lebens hängt zusammen mit der Beurteilung des Diesseits. Wem das Dasein auf der Erde als Qual vorkommt, der hofft als Lohn für frommes Streben auf eine bessere Zukunft nach dem Tod. Wofür sonst der ganze Aufwand?

Als eine Gruppe von Protestanten im Himmel begrüßt wird,

führt man sie durch einen langen Flur an einer Tür vorbei und bittet um absolute Ruhe. Warum das? „Ach", erklärt Petrus, „dahinter sind die Katholiken. Und die denken, sie wären allein hier. Gönnen wir ihnen das doch!"

Die christliche Theologie vom stellvertretenden Opfer Jesu Christi, das alle Menschen von der Macht des Todes befreit und ihnen Auferstehung ermöglicht, tröstet seit zweitausend Jahren die Gläubigen. Aber immer wieder war diese Vorstellung auch Zielscheibe des Spotts. Wer mit christlicher Terminologie und Ideenwelt nicht vertraut ist, mag in der Tat Schwierigkeiten haben zu verstehen, was eigentlich gemeint ist. Johann Most, 1846 in Augsburg geborener Journalist, Sozialdemokrat und Reichstagsmitglied, engagierte sich im 19. Jahrhundert gegen den Einfluss der Kirchen. In seiner Kampfschrift „Die Gottespest" verhöhnt er den christlichen Glauben mit beißender Ironie:

„Man denke! Der Vater war sein eigener Sohn, der Sohn sein eigener Vater, beide zusammen außerdem noch ‚heiliger Geist'. So gestaltet sich die ‚heilige Dreifaltigkeit'. Und nun, armes Menschenhirn, halte Stand, denn was jetzt folgt, könnte ein Pferd umbringen! Wir wissen, dass Gott Vater beschlossen hatte, das Menschenpack zu frikassieren. Das tat dem Gott Sohn ungemein leid. Er (bekanntlich zeitgleich Gott Vater) nahm die ganze Schuld der Menschen auf sich und ließ sich, um seinen Vater (bekanntlich zeitgleich Gott Sohn) in seiner Raserei zu beschwichtigen, von jenem, zu erlösenden Gesindel zu Tode schinden – natürlich nicht ohne nachträglich wieder frisch und froh in den Himmel zu fahren. Diese Aufopferung des Sohnes (der Eins ist mit dem Vater) machte dem Vater (der Eins ist mit dem Sohn) einen solchen Höllenspaß, dass er sofort eine allgemeine Amnestie erließ, welche zum Teil heute noch in Kraft ist."

Soll denn der Glaube ohne Früchte sein? Der Missionar, der

in der Wüste einem Löwen begegnet, wirft sich auf die Knie und fleht zu Gott, er möge dem Löwen christliche Gedanken eingeben. Resultat: Der Löwe faltet die Pranken und spricht: „Komm Herr Jesus, sei unser Gast, und segne, was du uns bescheret hast!"

Nun, die westlichen Vorstellungen vom Leben sind in der Regel linear: Alles hat einen Beginn und ein Ende – das Universum und das Leben eines Menschen. Es gab einen Anfang der Welt und es wird ein Ende mit ihr haben. Genauso wird ein Mensch geboren und stirbt er. Das Erdendasein ist die Phase der Bewährung. In diesem System schreitet die Zeit wie auf einer Leiste von links nach rechts voran. Irgendwann ist es damit vorbei.

Dagegen denken die asiatischen Religionen des Hinduismus und Buddhismus, das Leben sei ein Zyklus, der sich unendlich wiederholt. Der Mensch bewegt sich in Kreisläufen, wird geboren, lebt und stirbt, wird wieder geboren, lebt wieder, stirbt wieder, und so weiter. In den Lebensphasen muss er bestimmte Leistungen erbringen, um irgendwann aus dem Kreislauf aussteigen zu können. Beide Religionen kennen die Lehre des Karma, die besagt, dass jede Tat, getan oder unterlassen, eine Wirkung nach sich zieht: die gute Tat eine gute, die schlechte Tat eine schlechte. Wenn also das „Karma-Konto" ein Saldo ausweist, ist eine weitere Existenz notwendig. Gutes Leben bewirkt gute Wiedergeburt.

Hierarchisch geht es da zu: Wer sich schlecht benimmt, kann als Tier, gar Kraut oder im schlimmsten Fall als Stein wiedergeboren werden. Da hat man dann einen langen Weg vor sich. Hingegen sind Wiedergeburten als Mann, besonders als Mönch, sehr wertvoll. Mancher schießt gar über das Ziel hinaus und kommt als Gott wieder zur Welt. Doch das hilft nicht viel, denn der Ausstieg aus dem leidvollen Rad der Wiedergeburt ist nur als Mensch möglich. – Die Inder scherzen übrigens: Schlage keinen Hund, es könnte deine Schwiegermutter sein ...

Eine stark verkürzte Wiedergeburtslehre findet auch bei westlichen Zeitgenossen in den letzten Jahren immer mehr Anhänger. Allerdings hat es den Anschein, sie interpretieren die Seelenwanderung „kapitalistisch“: Es geht ihnen nicht darum, in einer der Existenzen ihre positiven Eigenschaften zu verbessern, sondern sie wollen neue Chancen erhalten, all das auszuprobieren, was in ein einziges Leben nicht hinein passt: vielleicht einmal im anderen Geschlecht zu Hause sein, mit der Transsibirischen Eisenbahn fahren oder endlich zu Fuß Feuerland entdecken?

Doch darf man dieses Bedürfnis, ins irdische Leben zurückzukehren, nicht nur hämisch belächeln. Steckt dahinter nicht die verständliche Sehnsucht, dass das Gute eines Menschen nicht verloren gehe, sondern bleibt? Joachim Ringelnatz drückte das anschaulich in einem Gedicht aus:

„Wenn ich tot bin,
darfst du gar nicht trauern.
Meine Liebe wird mich überdauern
Und in fremden Kleidern dir begegnen
und dich segnen.“

Aber ehrlich: Das reine Vergnügen ist der Himmel auch nicht. Das wusste schon der legendäre Münchner dort droben, dem das ewige „Luja“-Singen mächtig auf die Nerven ging. Er entfloh der himmlischen Langeweile und fand im Hofbräuhaus seinen Frieden.

Schlecht erging es dort oben auch Billy Graham, dem populären Prediger (den Kalauer gibt’s in verschiedenen Variationen, man kann auch den Papst oder die Frau Schmitz einsetzen). Er war frisch eingetroffen. Frühstückszeit. Billy beobachtet durch eine Klappe die Hölle und sieht, wie sich dort die Sünder an einem herrlichen Büffet laben. Billy bekommt von Petrus ein Käsebrot serviert. Naja, denkt er sich, die haben mich noch nicht registriert.

Mahlzeit im Himmel: Billy beobachtet durch die Klappe, wie sich in der Hölle die Tische biegen unter der Last köstlicher Speisen. Billy bekommt von Petrus ein Käsebrot. Naja, denkt er sich, vielleicht muss man so eine Art Eingewöhnungsdiät machen.

Abendessen: Billy beobachtet durch die Klappe, wie unten ein Menü mit mehreren Gängen kredenzt wird. Als Petrus ihm das Käsebrot bringt, wagt der Prediger doch die Frage: „Sag mal, warum kriegen die da unten so feine Sachen, und ich immer nur ein Käsebrot?“

Petrus hebt die Schulter: „Ach, weißt du, für uns zwei kochen ...?!“

Der rheinische Kabarettist, Poet und Philosoph Hanns Dieter Hüsch malt sich einen Spaziergang aus, den er mit dem „lieben Gott“ durch den Himmel macht. Da ist es aber gar nicht langweilig, sondern einiges los:

„Es gibt Leute sagte der liebe Gott
Und da mache ich ausnahmsweise einen feinen
Unterschied
Zwischen Leuten und Menschen
Toten und Lebenden
Es gibt tatsächlich Leute sagte Er auf einem
Endlos langen Spaziergang zu mir
Die mir ins Gesicht hinein sagen
Dass der Himmel auch nicht mehr das wäre
Was er früher mal gewesen sei
Das wirst du aber auch noch erleben sagte Er
Dass die Leute sagen

Da hätten Sie mal vor zwanzig dreißig Jahren
sterben müssen
Da hatten wir hier eine himmlische Ruhe
Junger Mann sagen sie dann immer
Obwohl manchmal ein Greis vor ihnen steht
Es hat ja alles nachgelassen
Aber im Himmel fällt einem das besonders auf."

Den beiden begegnen ungezählte Auferstandene: alle möglichen Menschensorten, darunter auch Verwandte und Freunde des Kabarettisten. Hüsch kann irgendwann nicht mehr.

„Der liebe Gott lächelte und sagte
hier kommt alles zusammen
Kabarett Fußball und niederrheinisches Gemüt
Hier findest du alles auf einmal
Und wenn du Glück hast
Alles in einem Augenblick
Ich habe es schon bemerkt sagte ich
Und ich bitte dich
Lass uns zurückgehen
Es wird zuviel für mich
Gut sagte der liebe Gott
Es wird auch manchmal zuviel für mich."

Doch schlimmer geht's immer. Denken wir an den armen Charlie. Von ihm erzählt eine überlieferte Arabeske; die ist so hübsch, dass einiges dafür spricht, dass sie tatsächlich vorgefallen ist. Notwendiges Vorwissen: „Charlie" ist der englische Slangausdruck für Kokain. Tatort: Chadwell nördlich von London. Ins Haus des 50jährigen Dee Blyth ist eingebrochen worden. Die Polizei untersucht alles und entdeckt auf dem Tisch im Hause des Bestohlenen sorgfältig ausgebrachte Linien weißen Pulvers. Offenkundig haben die Täter Drogen geschnupft. Doch die danebenstehende Dose mit der Aufschrift „Charlie" enthielt keinen Stoff, sondern die Asche des 1997 verstorbenen Neufundländers. Selten so high gewesen, was?

Ob der Himmel ein Zustand des Rausches ist? In traumartigen Bildern wurde von Mystikern immer wieder versucht, das jenseitige Paradies zu beschreiben. Wieder ist es Willy Kyrklund (der Schwede mit den Keilerhauern vom Kapitelanfang), der auf eine erfrischend andere Art versucht, das Unnennbare zu benennen:

„Wenn die Dämmerung austritt
aus ihrer Dämmerungsschaft.
Wenn der Fremdling austritt aus seiner Fremdlingsschaft.
Wenn der Toaster austritt aus seiner Toasterschaft.
Wenn der Stein austritt aus seiner Steinigkeit.
Wenn der Spatz austritt aus seiner Spatzenheit.
Wenn Kyrklund austritt aus seiner Kyrklundheit.
Dieses Sehnen.
Wenn die Nacht austritt aus ihrer Nächtlichkeit.
Wenn das Nichts austritt aus seiner Nichtigkeit.
Dieses Bangen."

Dirk wird ein Tausendfüßler

Kinder haben ihre eigenen Theorien

Während des Urlaubs in Kalifornien bestaunten wir auch die Redwoods, Riesenbäume, die über hundert Meter hoch gewachsen sind. Allerdings brauchten sie dafür auch zweitausend Jahre. Im Touristenshop kauften wir ein Tütchen mit Samen dieser Bäume, zum Selbstziehen. Wir brachten dieses Souvenir meiner Mutter mit.

„Wie schön!“, freute sie sich. „Aber dass die mal hundert Meter hoch wachsen, werde ich wohl nicht mehr sehen können.“

Spontan tröstete sie mein Sohn Lukas, damals acht Jahre alt: „Oma, dann pflanzen wir die Bäume einfach auf dein Grab.“

Schwarzer Humor? Nein, denn das Kind weiß kaum, was Humor eigentlich ist. Es hat in seiner unschuldigen Naivität allein den Riesenbaum im Blick gehabt, wohl wissend, eines Menschen Zeit reicht nicht aus, sein volles Wachstum zu erleben. Dass seiner Bemerkung, einer älteren Frau gegenüber, auch etwas Makabres anhaftete, war gewiss keine Absicht, ihm wahrscheinlich nicht einmal bewusst.

Mutter übrigens lachte!

Es gibt Kalauer, die Erwachsene über Kinder erzählen: Ein

Mann kommt auf den Bauernhof und fragt den Jungen, wo denn sein Vater sei. Antwort des Kleinen: „Vom Trecker überfahren!" Der Mann ist bestürzt und bedauert das, erkundigt sich nach seiner Mutter. Antwort: „Vom Trecker überfahren!" Wie entsetzlich; ob es denn Geschwister gebe. Antwort: „Alle vom Trecker überfahren!" Ja, gütiger Himmel, ob der Kleine denn ganz allein sei? Kopfnicken. Und was er den ganzen Tag mache? Antwort: „Trecker fahren!"

Es gibt auch Witziges, das der berüchtigte Kindermund selbst hervorbringt, aus anrührender Naivität. Als beispielsweise die Mutter ihre Tochter zur kranken Großmutter schickt, mit der Aufforderung, der gebrechlichen Frau etwas Nettes zu sagen, tut das Mädchen, wie ihm geheißen und fragt: „Oma! Soll ich auf deiner Beerdigung Flöte spielen?"

Besucht man mit Kindern einen Friedhof, konfrontieren sie Erwachsene bisweilen mit verblüffenden Bemerkungen: „Wie bekommt der Opa im Grab Luft?", fragte ein Mädchen. Und ein kleiner Junge meinte am Grab der Tante, man könne sie ja noch einmal anrufen. Und beim verdutzten Blick des Vaters wies der Bub auf den Grabstein: die Zahlenreihe von Geburts- und Todesjahr hatte das Kind als Telefonnummer gedeutet.

„Mama, was wird aus den Menschen, die tot sind?"

„Die werden zu Staub!"

„Oh, dann liegen aber viele Tote unter meinem Bett."

Ein Fünfjähriger, der zu einer Beerdigung mitgenommen worden war, stellte beim anschließenden Kaffeetrinken folgende Betrachtungen an:

„Die haben die Oma im Boden vergraben."

Erschrocken will ihn eine Tante zum Schweigen bringen. „Ist ja gut, mein Kind, ist ja gut. Komm, iss deinen Streuselkuchen."

Doch der Junge muss aussprechen, was ihn bedrückt: „Im Boden ist es aber schwarz und kalt!"

Die Tante belehrt ihn: „Im Boden ist nur der Leib, mein Junge." Misstrauisch schüttelt das Kind den Kopf. „Du hast doch gesagt, die Oma kommt in den Himmel, und jetzt ist sie im Boden drin!"

Die Tante nimmt die Theologie zur Hilfe: „Das ist so: Der Körper kommt in den Boden hinein, aber die Seele, die fliegt hinauf in den Himmel, zum lieben Gott."

Das Kind scheint sich zunächst mit dieser Auskunft zufrieden zu geben, es isst seinen Kuchen weiter. Allgemeines Aufatmen.

Plötzlich aber stellt der Kleine die Kakaotasse hin, richtet sich auf, sieht sich missbilligend um und meint entschieden: „Ich will aber nicht auseinander gemacht werden!"

Von einer Freundin wird bezeugt, was ihre in Kiel lebende Nichte im Vorschulalter tat, der man angekündigt hatte, sie dürfe im Fall des Falles nicht an der Beerdigung der Urgroßmutter in Nürnberg teilnehmen. Das kleine Mädchen rief kurzerhand bei der Oma an und klagte: „Ich will aber so gern dabei sein, wenn du getötet wirst!"

„Für das Thema Tod sind Kinder noch zu klein", mögen wir vielleicht denken. Wir wollen die Mädchen und Jungen schonen, ihnen so lange es eben geht die Welt heil erscheinen lassen. Eine wohlwollende Einstellung, die jedoch nur bedingt hilfreich ist, um Kinder an die Realität heranzuführen. Schon die Kleinsten nämlich machen die Erfahrung: Dinge haben ihre Zeit. Milch wird nach ein paar Tagen sauer, der Schnee schmilzt, die schönsten Blumen welken, im Herbst verlieren die Bäume ihre Blätter.

Die Kinder sehen eine tote Fliege, töten vielleicht selbst ein Insekt. Und sie schnappen auch den Tod auf: im Fernsehen oder in einem Buch stirbt jemand; die Familie geht am Friedhof vorbei; über die Straße fährt ein Leichenwagen; der Hamster liegt eines Morgens reglos im Stall.

Jeder Verlust, den ein Kind macht – angefangen vom kaputten Spielzeug über den Wohnungswechsel bis zum Ausziehen eines Elternteils – ist indirekte Vorbereitung auf den Umgang mit dem „Ernstfall“: dem Tod eines Menschen, der einen unwiederbringlichen Verlust darstellt. Aber das müssen Kinder erst erkennen lernen: Der Tod ist kein vorübergehendes Phänomen, sondern von Dauer. Wenn das Kind fragt: „Wann kommt die Oma wieder?“ (die gestorben ist), dann würde die angemessene Antwort lauten: „Die Oma kann nicht wiederkommen, weil sie tot ist“. Als ein Mädchen fragte: „Wie lange ist der Tod?“ bekam sie die richtige, wie sich aber herausstellte missverständliche Antwort: „Von Dauer.“ Das Kind schien beruhigt: „Dann ist es ja nicht so schlimm: Meine Mama lässt sich auch immer Dauerwellen machen, die halten nur vier Wochen.“

Die Entwicklungspsychologie zeigt uns, dass das Bewusstsein vom Tod erst reifen muss. Für Kinder unter drei Jahren gilt in etwa: Sie können Sterben und Tod verstandesmäßig nicht erfassen. Ihnen dergleichen erklären zu wollen, überfordert sie. Als ein mir bekannter Bestatter seinen kleinen Enkel mit auf eine Beerdigung nahm, konnte das Kind seine Gefühle nicht recht ausdrücken. Sein Unbehagen fasste es in die einfachen, aber aussagekräftigen Worte: „Das war aber nicht schön.“

Ab drei Jahren haben die Kinder dann ein Wissen vom Tod, aber keine rechte Vorstellung von ihm. Laut einer Statistik gibt die Hälfte der befragten Kinder unter fünf an, die anderen würden wohl einmal sterben, sie selbst jedoch nicht. Bei ihnen herrscht noch das, was „psychische Kausalität“ genannt wird: Sie verkennen Ursache und Wirkung (also Erkrankung oder Unfall und als Folge der Tod) und finden eigene Erklärungen: „Die Mama ist krank, weil sie böse auf mich ist“, oder: „Der Opa ist gestorben, weil ich ihm nicht geschrieben habe.“

Manche nennen die Phase zwischen fünf und sieben Jahren

(oder auch zwischen vier und sechs Jahren) die „intuitive Phase“: Der Tod scheint als normal akzeptiert zu werden, im Sinne eines dauernden Wechsels von Leben und Tod. 73 Prozent der Sechsjährigen, 82 Prozent der Siebenjährigen haben ein Bewusstsein ihrer eigenen Sterblichkeit. Das Interesse an körperlichen und biologischen Aspekten sollte in dieser Phase befriedigt werden: Sterben bedeutet Verlust der Körperfunktionen – keine Atmung mehr, kein Herzschlag. Konkrete Fragen interessieren: Was geschieht mit dem Leichnam? Themen sind: Waschen, Einsargen, Beerdigen, Leichenschmaus und Grabpflege. Problematisch ist bis zu diesem Alter, dass das Erinnerungsvermögen der Kinder noch nicht voll ausgebildet ist und das Bild eines gestorbenen Menschen verblassen kann.

Mit sieben oder acht Jahren begreifen die Kinder, was Tod bedeutet; oder besser gesagt: sie sind offen und bereit für eine angemessene Erklärung.

Der Tod bedeutet Unbeweglichkeit: Der Tote hat keine Gefühle mehr, keine Körperfunktionen, auch keinen Hunger und keine Müdigkeit. Der Tote verwest oder wird verbrannt. Der Tod bedeutet Endgültigkeit: Die Trennung ist von Dauer, anders als beim Spielen, wo man einen Kameraden erschießt und der dann wieder aufsteht. Die Kinder erkennen Ursache und Wirkung: Der Tod geht auf Krankheit, Alter, Unfall, Gewalteinwirkung zurück, nicht auf Streit, den man miteinander hatte. Schließlich: Der Tod besitzt Allgemeingültigkeit – alle werden einmal sterben. Religiös erzogene Kinder machen sich Gedanken über das Leben nach dem Tod und gewinnen eine Phantasie von dem, was wir Seele nennen. Dafür tauchen auch Fragen auf: Was hat Gott damit zu tun? Warum hat er den Toten nicht am Leben gehalten?

Kinder entwickeln auch eine eigene Theologie. Ich selbst male mir nicht konkret aus, wie es nach dem Tod weitergeht. Aber ich glaube, dass unsere Existenz nicht einfach abbricht und ins Nichts fällt. Ich habe keine Probleme, die alten Worte des Credo nachzusprechen: „Ich glaube an die Auferstehung der Toten und das ewige Leben." Mein Sohn Lukas jedoch zeigt sich von der Wiedergeburtslehre überzeugt. Woher er das hat, weiß ich nicht. Lukas aber vertraut auf eine Reinkarnation der Verstorbenen.

1999 starb Dirk, mein bester Freund, der auch Lukas sehr zugetan war und Lukas ihm. Nun muss man wissen, dass Dirk fast sechs Zentner wog, als er aus diesem Leben schied.

Lukas, damals siebenjährig, meinte: „Ich glaube, der Dirk wird wiedergeboren."

„Als was denn?"

„Als Tausendfüßler!"

Ich war baff! Ausgerecht zu solch einem Tierchen sollte mein Freund werden? Wäre nicht ein Schmetterling lyrischer gewesen, oder ein Löwe oder etwas dergleichen. Aber ein Bekannter, dem ich das auf der Beerdigung erzählte, nickte besonnen: „Dein Sohn hat Verstand! Endlich hat Dirk genügend Füße, um seine Last zu tragen!"

Kinder sind stets in der Lage, uns in Erstaunen zu versetzen. Der Psychologe Earl Grollman erzählt Beispiele aus der Praxis: Eine Mutter muss ihren Sohn informieren, dass Doggy, sein Hund gestorben ist: „Junge! Doggy ist tot!"

Keine Reaktion.

"Hast du verstanden: Doggy ist tot!"

Das Kind bricht in Tränen aus und ist untröstlich.

Später fragt ihn die Mutter, warum er zunächst gar nicht reagiert habe.

Der Sohn: „Zuerst dachte ich, du hättest ‚Daddy' gesagt." –

Aber Grollman berichtet auch von hanebüchenen Fehlleistungen der Erwachsenen: wenn sie beispielsweise erklären, jemand sei gestorben, weil Gott ihn unbedingt als Engel haben wollte oder weil die Besten immer sterben („Wen die Götter lieben, den nehmen sie früh zu sich" – was ja in kindlicher Logik heißt, dass nur die Menschen 2. Klasse am Leben bleiben).

Jegliches Maß hat eine Mutter verloren, die folgendes von sich gab:

„Der Tod ihres Vaters nimmt meine Tochter sehr mit. Wäre es angebracht einen Psychiater aufzusuchen? Sie weint und weint, alles scheint ihr egal zu sein."

„Wann ist Ihr Mann denn gestorben?"

„Vor zwei Tagen."

Dass einem Kind ein Elternteil stirbt – kann man sich etwas Schlimmeres vorstellen? Der Schriftsteller Scholem Alejchem beschreibt in den ersten Kapiteln seines Romans „Mottl der Kantorssohn" dieses Drama und weist – aus der Perspektive des jüdischen Knirpses erzählend – darauf hin, wie kindliche Verdrängungsmechanismen funktionieren: „Nie vorher, ehe ich zu meinem Glück gekommen bin, war ich eine so wichtige Person wie jetzt. Was ist geschehen? Ihr wisst es ja, mein Vater, der Kantor Peisse, ist am ersten Tag Schebuoth gestorben und hat mich zur Waise gemacht. (...) Ich schlafe mit der Mutter in Vaters Bett – das einzige Möbelstück im Haus –. Sie schiebt mir fast das ganze Deckbett hin. ‚Deck dich zu', sagt sie, ‚mein armes Waisenkind. Essen ist keines da ...' Ich decke mich zu, aber schlafen kann ich nicht. Ich wiederhole das Kaddisch auswendig. In die Schule geh ich nicht, beten tu ich nicht. Nichts muss ich tun. Mir geht's gut. Ich bin eine Waise. (...) Seit ich eine Waise bin, wollen mich alle haben. Da ist keiner, der mich nicht zu sich nehmen möchte. ‚Nun, wie lange kränkt man die Feinde? Soll ich ihn nicht für immer weggeben?' sagt die Mutter und weint. Sie hält Rat mit meinem Bruder Eliohu: ‚Was meinst du? Soll ich ihn vorläufig bei Pessi lassen?' Mein Bruder Eliuohu ist schon groß, sonst würde Mutter sich nicht mit ihm beraten. Er streicht mit der Hand sein glattes, noch bartloses Gesicht, als hätte er schon einen Bart, und redet wie ein

Erwachsener: ‚Warum nicht? Er soll nur kein Heide sein.' So bleibt es dabei, dass ich vorläufig bei Pessi bleibe, mit nur der einen Bedingung, dass ich kein Heide werde. Was ist ein Heide? Wenn ich der Katze ein Stück Papier an den Schwanz binde, damit sie tanzt, bin ich ein Heide. Wenn ich mit dem Stecken am Zaun des Pfarrers entlangrattle, dass alle Hunde herauslaufen, heißt das ‚Heide'. Dem Wasserträger Leibke den Pfropfen aus dem Fass ziehen, so dass das halbe Wasser ausrinnt – das nennt man ‚Heide' ... ‚Dein Glück, dass du eine Waise bist!' sagt der Wasserträger, ‚sonst hätte ich dir Hände und Füße gebrochen, das kannst du mir glauben!' Ich glaub's ihm, aufs Wort. Ich weiß, er wird mich nicht anrühren, weil ich jetzt eine Waise bin. Mir gehts gut! Ich bin eine Waise!"

Noch einmal: Ist das Thema nicht für unsere Kleinen eine Nummer zu hoch? Müssen wir sie mit diesen Dingen belasten, die uns selbst nicht angenehm sind? Anders herum gefragt: Haben wir wirklich die Möglichkeit zu wählen? Der Tod gehört zum Leben. Wir müssen ihn thematisieren, weil er in der Wirklichkeit des Alltags vorkommt, wenn auch nicht täglich. Aber wie wir die Kinder an andere Probleme heranführen – Verkehr, Umgang mit Geld, Verhalten gegenüber Fremden, Verhalten in Notsituationen, z.B. im Kaufhaus verloren gehen – so werden wir sie auch mit diesem Thema nicht überfordern, wenn wir behutsam vorgehen. Das bedeutet: Auch Erwachsene müssen erst lernen, wie sie mit Kindern angemessen sprechen können.

Eine Schulleiterin beispielsweise wollte einer Klasse den Tod einer Lehrerin mitteilen und sagte: „Kinder, ich muss euch etwas Trauriges sagen: Wir haben Frau Müller verloren." Worauf sich ein Junge unbesorgt zeigt: „Ach, wir werden sie schon wieder finden!"

Einerseits werden wir die Erfahrung machen, dass Kinder manchmal viel unbekümmerter mit Dingen umgehen, die uns Probleme machen. Andererseits wissen wir ja, dass in anderen

Kulturkreisen die Kinder gar nicht so aus den Prozessen rund um den Tod herausgehalten werden. Das aber ist ein Problem unserer Gesellschaft: gestorben wird meistens im Krankenhaus oder Altenheim, und wenn zu Hause, dann entsorgt der Bestatter schnell den Leichnam. Die Angehörigen legen kaum noch Hand an. Den Kindern wie den Erwachsenen geht der unmittelbare Kontakt mit Sterbenden und Toten verloren.

Folge dieser Unerfahrenheit mag auch ein leichtfertiger Umgang im sprachlichen Umgang mit Begriffen des Todes sein. Nannten Jugendliche früher Erwachsene in ihrem Bedürfnis der Abgrenzung noch „Oldies“, sind diese heute bereits zu „Grufties“ mutiert. Und der Politiker Jürgen Möllemann, der einmal seine Tochter in eine Disco begleitete, wurde dort von einem Menschen jüngerer Generation mit der Bemerkung begrüßt: „Jetzt kommen die schon zum Sterben hierher!“

Was aber bei den Heranwachsenden Berechnung ist, kommt von Kindern aus dem Bauch: Als ich ein paar Wochen nach dem überraschenden Tod meiner Mutter mit meinem Sohn an ihr Grab ging (der Kalifornienurlaub lag noch kein ganzes Jahr zurück), war mir elend zu Mute. Dass diese großartige Frau nie mehr zurückkehren würde, drang erst mit der Zeit ins Bewusstsein. Im Kopf weiß ich, dass dies meistens so abläuft. „Im Bauch“ jedoch habe ich das selbst empfunden.

Die Kränze waren vom Grab schon abgeräumt, ein paar Blümchen standen da. Und Lukas meinte ohne Pathos: „Jetzt können wir doch den Mammutbaum pflanzen.“

„Ja, das machen wir. Ein Hälmchen hat Mutter schon auf der Fensterbank vorgezogen.“

Kein Kraut für die Sterbsucht

Weinen und Lachen, beides hat seine Zeit

Häberle: „Wenn i mirs so vergegenwärtig, wies unseroim geht und was für a Glück andere Leut habet – wenn i mich da so neidenk ... Glaubet Sie mir, Herr Pfleiderer – na wünsch i mir manchsmal, i wär gar net erst gebore!"

Pfleiderer: „Ja, ja – scho recht, Häberle, gar net erst gebore werde! – aber sehet Sie, des Glück, Häberle – des Glück hat ebe au net jeds!"

– „Vom Nachteil geboren zu sein" heißt ein Buch des Philosophen Emile Cioran. Die beiden schwäbischen Originale drücken das Gleiche viel netter aus: „Vom Glück, nicht geboren zu sein." Aber das hat nun mal nicht jeder. Und wer einmal geboren ist, der muss auch sterben. Das ist ein Thema fürs ganze Leben.

Ich hatte einen 97jährigen Mann zu bestatten. Die Witwe eröffnete das Trauergespräch mit dem Hinweis: „Mein Mann wär' so gerne alt geworden!" – Dass er einmal sterben würde, kam ihm anscheinend gar nicht in den Sinn.

Von einer Bekannten habe ich folgende wahre Begebenheit: Der Pfarrer ist zur Gnadenhochzeit eingeladen. 70 Jahre Ehe! Beide weit über 90 Jahre alt. Sie stocktaub. Der Pfarrer hat beim Kaffeetrinken – man beachte! – zwischen den beiden zu sitzen. Da fragt er den Jubilar: „Wie ist das denn, wenn man so lange verheiratet ist?“ (Nicht besonders geistreich, zugegeben, aber was soll er denn sonst schwätzen?) Der Mann antwortet mit Blick auf seine Frau, die stumm lächelt: „Das Mensch will nicht sterben.“ – Nun, da wusste der Pfarrer wahrscheinlich erst recht nichts mehr zu sagen ...

Man muss die Tatsache, dass Menschen vergänglich sind, ja nicht dramatisieren. Jurek Becker beginnt seinen Roman „Bronsteins Kinder“ mit folgendem Satz: „Vor einem Jahr kam mein Vater auf die denkbar schwerste Weise zu Schaden, er starb.“ Das sitzt. Aber noch beiläufiger gelingt es dem irischen Autor Frank McCourt über den Tod zu sprechen. Sein Roman „Die Asche meiner Mutter“ (was für ein herrlicher Titel!), fängt an: „Mein Vater und meine Mutter hätten in New York bleiben sollen, wo sie sich kennengelernt und geheiratet haben und wo ich geboren wurde. Statt dessen sind sie nach Irland zurückgekehrt, als ich vier war und mein Bruder Malachy drei, und die Zwillinge Oliver und Eugene waren eben gerade ein Jahr alt, und meine Schwester Margret war tot und weg.“

Sterben! Unsere Sprache ist erfinderisch, um dieses harte Wort zu ersetzen. Wir sprechen vom ableben, entschlafen und dahinscheiden. Aber es gibt auch vielsagende Sprachbilder:

heimgehen;
über den Jordan gehen;
von der Bühne abtreten;
zu Staub werden;
die sterbliche Hülle ablegen;
das Zeitliche segnen;
den Weg allen Fleisches gehen;
zur Grube fahren;
zu den Vätern versammelt werden;
die letzte Reise antreten;

zur ewigen Ruhe kommen;
dran glauben müssen;
den Löffel abgeben;
ins Gras beißen;
abnippeln, draufgehen, abkratzen...

Wer hat nicht schon mal den einen oder anderen Begriff gebraucht? Und fühlen wir nicht instinktiv, wann welcher passt und wann nicht? Nahe Angehörige, Freunde, Menschen, die uns etwas bedeuteten, lassen wir nicht salopp „hopsgehen"! Aber bei Fremden scheint das Sterben naturgegeben zu sein:

Deutsche Presseagentur: „Alle Jahre wieder: Japaner zu Neujahr an Reisklößchen erstickt"

Bild: „Köln: Jugendliche sprang vom Dom – tot"

Deutsche Verkehrswacht (auf Plakaten an der Autobahn, darauf sind Geier abgebildet): „Rasen Sie ruhig, wir warten!"

Warum sterben die Leut' so ungern? Tut ihnen leid, was sie zurücklassen? Ist es die Angst vor dem Jüngsten Gericht? Nein, die Würmer sind's! Sommer 2000: Meine Frau liest mir aus einem Magazin den Artikel über die Ausstellung „Körperwelten" in Köln vor: dort werden mittels 'Plastination' haltbar gemachte Leichname gezeigt. Ganzkörperschnitte, einzelne Organe mit Krebsgeschwulst, Föten in der Gebärmutter, Präparationen, die den Leib im Augenblick eines Bewegungsablaufes fixiert haben. Über den ästhetischen oder auch pädagogischen Wert mag man streiten. Vielleicht wird dort auch nur die Lust am Schauen befriedigt, ein domestiziertes Gruseln. Aber es ist auch Erfreuliches zu berichten: Frau X. zumindest bekennt im Interview, nun habe sie die Angst vor dem Sterben verloren. Sie spendet ihren Leichnam der Ausstellung! Die Vorstellung nämlich, nach dem Tod werde ihr Körper von Würmern zerfressen, habe sie vorher ganz verrückt gemacht. – Das erzähle ich am Abend meinem Freund Peter, der nur trocken kommentiert: „Die Frau kann nicht gönnen!“ (Meine Buchhändlerin übrigens besuchte auch die „Körperwelten“, mit einer Freundin. Ganz schön sei es gewesen, wirklich interessant, aber wie sie anschließend noch essen gingen, habe sie sich etwas Vegetarisches bestellt, einen Salat. Die Vorstellung, Fleisch zu verzehren: zuwider, ach, zuwider ...)

„O Mensch, lass dir's gesagt sein, lass dir's geklagt sein, schrei es hinaus, schreibe es nieder: Es muss gestorben sein – wann ist nicht gewiss, wo ist nicht gewiss, der Tod selbst aber ist dir sicher. Auf den Frühling folgt der Sommer, auf den Freitag der Samstag, auf die Drei die Vier, auf die Blüte die Frucht, auf den Fasching die Fastenzeit und auf das Leben der Tod. Sterben ist gewiss, und das einzig Beständige in unserem Dasein ist die Unbeständigkeit. Ein Papst Sixtus ist gestorben, nachdem er kaum ein Jahr regierte, ein Papst Severinus schon nach einem halben Jahr, ein Papst Valentius nach drei Monaten, ein Papst Damasus nach weniger als einem Monat, ein Papst Urban nach nur zwei Wochen, ein Papst Stephan nach acht Tagen. Gestorben, gestorben, gestorben. Omnes morimur. Es muss gestorben sein. Für die Schwindsucht wächst ein Kraut, für die Lungensucht wächst ein Kraut, für die Wassersucht wächst ein Kraut, für die Geldsucht wächst ein Kraut – für die Sterbsucht aber nicht. Nicht, nicht, nicht.“ – Einfach, doch eindringlich, so konnte nur einer predigen, Abraham a Santa Clara, Hofprediger zu Wien (1644-1709), der in Wirklichkeit, weit weniger beeindruckend, Ulrich Megerle hieß.

Die Ansprache des frommen Gottesmannes unterdrückt nicht das Unbehagen, die Todesfurcht. Zwar ist ihm, wie jedem anderen, versagt zu wählen, ob er sterben will oder nicht. Doch wir können entscheiden, wie wir mit dem umgehen, was zu beeinflussen nicht in unserer Hand liegt. Erinnern wir uns an die Familien aus Mexiko, die sich an Allerheiligen auf dem Friedhof zum Picknick versammeln und dabei Totenschädel aus Zucker verzehren. Und auch der mittelalterliche Totentanz war Ausdruck des Trotzes: Wir wissen was kommt – na und?

Tod und Humor, wie gehen die beiden zusammen? So fragte ich am Anfang dieses Buches. Es geht ja nicht darum, zu lachen anstatt zu weinen. Das Weinen ist nicht nur erlaubt, sondern notwendig. In den unterdrückten Tränen kann man ertrinken. Eher anders herum: Wir dürfen auch lachen, obwohl der Tod ein ernstes Thema ist. Lachen befreit, Lachen erlöst, Lachen löst Verspannungen und lässt Aufgestautes wieder fließen. Humor soll sogar vor Herzerkrankungen schützen; zumindest hat man festgestellt, dass Menschen, die öfter lachen, seltener an Herzleiden erkranken.

Manchmal vermengen sich die Tränen der Trauer mit den Tränen der Freude am Leben. Und diese Freude hat immer den längeren Atem. Man kann sie lernen.

„Alle Herrlichkeit auf Erden", dieser China-Roman der fünfziger Jahre, war zu seiner Zeit ein großer Erfolg. Ich fand das Buch in der Bibliothek meiner Mutter. Ich las es nach ihrem Tod, weil mich interessierte, welche Bücher für sie wichtig gewesen waren. Der Roman der Chinesin Han Suyin sprach trotz aller zeitbedingten Details auch mich an, denn die großen Themen sind immer aktuell: die Liebe und der Tod. Han Suyin schreibt, wie ihr Bruder von einem Unglück erzählt: lachend!

„Jenes verächtliche, ironische Lachen, das dann erst kommt, wenn alle Tränen geweint sind, die man weinen konnte. Das Lachen, das alle Chinesen überkommt, wenn eine Tragödie komisch und lächerlich geworden ist, wie das so oft bei Bränden, Hochwassser, Unfällen, Todesfällen und Revolutionen geschieht. Es ist wahr, dass der unmittelbare Zusammenprall mit einem persönlichen Unglück uns betrübt, wie jedes Leid. Eine Zeitlang tragen auch wir die Trauerinsignien, weinen ehrlich, wie es sich gehört, und trauern inbrünstig. Aber es ist ebenso wahr, dass wir über dieselbe Tatsache etwas später lachen können und dann auch über uns, die wir so getrauert haben. Wir verfügen nicht über das konventionelle Schweigen der Europäer. Wir sitzen nicht in einem Winkel und lassen den Kopf hängen. Die Freunde schonen uns auch nicht, denn wir müssen in das Schema des Lebens hineinbekommen, was wir nur können. Alles wird durch dieses Lachen zusammengefasst, denn Lachen allein zeigt uns das ungeheure Ausmaß unseres Leides. Wir behandeln die leidbringenden und die freudebereitenden Erfahrungen ganz gleich, denn eines Tages werden wir über beide lachen und sie für lohnend halten und für gleich unter dem gleichmachenden Himmel. Wir werden an sie denken als an Teile unseres Lebensschatzes, als vom Schicksal zugeteilt. Alle Menschen lernen das, aber im großen und ganzen lernen wir es etwas besser als andere Völker."

Stichwort Lernen. Das Sterben kann man schlecht lernen, aber das Abschiednehmen schon. Und den Humor. Eine Sache der Übung. Die Sterbeforscherin Elisabeth Kübler-Ross sagte einmal in einem Interview: „Ich habe mich immer am Humor sterbender Patienten erfreut, ich kann mit manchen von ihnen herzlich lachen. Sie haben einen unglaublichen Sinn für Humor, wenn für ihre unerledigten Dinge gesorgt wird – und wenn Sie [also jene, die mit Sterbenden umgehen; G.S.] selbst nicht mit Grabesmiene ins Zimmer treten und es nicht pervers finden, mit Sterbenden zu lachen. Menschen, die in ihrem Leben einen starken Sinn für Humor entwickelt haben, können ihn bis in das Sterben hinein bewahren."

Nun, ob uns in der letzten Stunde nach fröhlichem Gekicher zu Mute ist, das kann niemand sagen. Ein erster Schritt ist vielleicht, einfach das Sterben ins Leben hineinzuholen.

„Ich lege mich nie zu Bett, ohne zu bedenken – so jung ich auch bin –, dass ich den anderen Tag nicht mehr sein werde – und es wird doch kein Mensch von allen, die mich kennen, sagen können, dass ich im Umgang mürrisch und traurig bin. Für diese Glückseligkeit danke ich alle Tage meinem Schöpfer und wünsche sie von Herzen jedem meiner Mitmenschen." So schrieb Wolfgang Amadeus Mozart einmal in einem Brief an seinen Vater.

Tod: ein Thema, das sich einem schnellen Zugriff entzieht. Ein Thema, mit dem man nie fertig wird – erst, wenn man selbst tot ist. Das Problem bringt die Dichterin Mascha Kaléko auf den Punkt:

„Bedenkt, den eignen Tod, den stirbt man nur,
Doch mit dem Tod der andern muss man leben."

Muss man leben, kann man leben. Pablo Nerudas Autobiographie trägt diesen Titel – und jedem Menschen sei gegönnt, das am Ende sagen zu dürfen: „Ich bekenne, ich habe gelebt!"

Weiterführende Literatur

Abraham a Santa Clara: Etwas für Alle. Kurze Beschreibung allerlei Standes-, Amts- und Gewerbspersonen. München 1960

Anders, Günther: Über die Seele im Zeitalter der zweiten industriellen Revolution. München 1956

Ders.: Über die Zerstörung des Lebens im Zeitalter der dritten industriellen Revolution. München 1980

Ardelius, Lars; Jersild, Per Christian: Gedanken über den Tod. Aus dem Schwedischen von Jörg Scherzer. Frankfurt am Main 1994

Bausinger, Hermann: Volkskunde. Von der Altertumsforschung zur Kulturanalyse. Tübingen 1971

Becker, Jurek: Bronsteins Kinder. Frankfurt am Main 1986

Bergengruen, Werner: Der Tod von Reval. Kuriose Geschichten aus einer alten Stadt. München 1995

Böke, Hubert; Knudsen, Lene; Müller, Monika: Nach innen wachsen. Düsseldorf 1999

Brecht, Bertolt: Gedichte 1941-1947. Frankfurt am Main 1964

Brüggenwirth, Ingrid: Von Sensemann und Druckerschwärze. Eine Auswahl außergewöhnlicher Todesanzeigen. Bremen 1997

Claes, Ernest: Das Leben und der Tod des Victalis van Gille. Frankfurt am Main 1953

Claudius, Matthias: Gedichte. Frankfurt am Main 1998

Cioran, Emile: Vom Nachteil, geboren zu sein. Frankfurt am Main 1979

Dickenberger, Udo: So genannt heiter: Gräberpoesie. Weshalb vom alpenländischen Marterl jetzt auch nichts mehr zu halten ist. In: Frankfurter Rundschau vom 16. September 2000.

Flora, Paul: Trauerflora. Zürich 1958

Friedell, Egon: Kultur ist Reichtum an Problemen. Zürich 1989

Frisch, Max: Tagebuch 1946-1949. Frankfurt am Main 1950

Gernhardt, Robert: Gedichte 1954–1997, Haffmans Verlag Zürich 1999

Giudice, Liliane: Hol mich bitte. Sterben – Teil unseres Lebens. Eschbach 1998

Grollman, Earl A.: Mit Kindern über den Tod sprechen. Neukirchen-Vluyn 2000

Gronemeyer, Marianne: Das Leben als letzte Gelegenheit. Sicherheitsbedürfnisse und Zeitknappheit. Darmstadt 1993

Hansing, Enno: Hier liegen meine Gebeine, ich wollt es wären deine. Bremen 1996

Hirsch, Ludwig: Liederbuch. Hamburg 1979

Hüsch, Hanns Dieter: Wir sehen uns wieder. Geschichten zwischen Himmel und Erde. München 1995

Keane, John B.: Whiskey für den Weihnachtsmann. Irische Weihnachtsgeschichten. Berlin 2000

Keuler, Ulrich: Häberle und Pfleiderer. Tübingen 1992

Klein-Haparash, J.: Krug und Stein. Jüdische Anekdoten. München 1961

Kokoska, Tanja: Zum Totlachen. In: Frankfurter Rundschau vom 13. Januar 2001.

Kübler-Ross, Elisabeth: Was können wir noch tun? Stuttgart 1983

Kraus, Karl: Aphorismen. Hg. Von Christian Wagenknecht. Frankfurt am Main 1986

Kreisler, Georg: Everblacks. Stuttgart 1971

Krommidas, Giorgos: Die Liebe übrigens. Gedichte und Miniaturen. Köln 1994

Kyrklund, Willy: Vom Guten. Frankfurt am Main 1991

Landmann, Salcia: Jüdische Witze. Olten 1962

McCourt, Frank: Die Asche meiner Mutter. München 1996

Mey, Reinhard: Menschenjunges. Stuttgart 1977

Missfits: Kennse einen, kennse alle. Bergisch-Gladbach 1996

Most, Johann: Die Gottespest. Hg. von Benno Maidhof-Christig. Aschaffenburg 1991

Neruda, Pablo: Gedichte. Deutsch von Erich Arendt. Frankfurt am Main 1963

Ders.: Ich bekenne, ich habe gelebt. Deutsch von Curt Meyer-Clason. Hamburg 1974

Pause, Rainer; Stankowski, Martin: Tod im Rheinland. Eine bunte Knochenlese. Köln 1995

Ringelnatz, Joachim: Gedichte. Stuttgart 1998

Scheilke, Christoph Th./Schweiter, Friedrich: Musst du auch sterben? Kinder begegnen dem Tod. Gütersloh und Lahr 2000

Schild, Wolfgang: Scharfrichter; in: Ch. Hinckeldey: Justiz in alter Zeit. Rothenburg o.b.T. 1984

Scholem-Alejchem: Mottl der Kantorssohn. Frankfurt am Main 1965

Schöne, Gerhard: Lieder. Dettenhausen 1993

Schwikart, Georg: Niemand geht ohne Spuren. Mit dem Tod leben. Freiburg/Basel/Wien 2000

ders: Ulrichs größter Tag. Geschichten für alle Lebenslagen. Köln 2000

ders: Tod und Trauer in den Weltreligionen. Gütersloh 1999

ders: Die richtigen Worte im Trauerfall. Kevelaer 1998

Seipolt, Adalbert: Das große Adalbert Seipolt Lesebuch. Würzburg 1999

Skácel, Jan: Feuilleton über den eignen Tod. Übersetzt von Reiner Kunze. Hauzenberg 1991

Stieglitz, Klaus: Vielleicht war alles umsonst, aber wir hatten ein gutes Gefühl. Rüsselsheim 1993

Suyin, Han: Alle Herrlichkeit auf Erden. Baden-Baden 1953

Twain, Mark: Gesammelte Werke.

van Veen, Hermann: Liederbuch. Hamburg 1977

Voltaire: Candid oder Die beste aller Welten. Deutsche Übertragung von Ernst Sander. Stuttgart 1971

Die Deutsche Bibliothek – CIP-Einheitsaufnahme
Schwikart, Georg:
Jeder Tod hat sein Gelächter / Über das Verhältnis zweier
eigentümlicher Brüder / Georg Schwikart. – Würzburg : Echter, 2001.
ISBN 3-429-02385-8

Umschlag und Gestaltung: Peter Hellmund
(Bildausschnitt aus: Paul Delvaux, De graflegging,
© Fond. P. Delvaux, S. Idesbald, Belgien / VG Bild-Kunst, Bonn 2001)
Druck und Bindung: Clausen & Bosse GmbH, Leck
ISBN 3-429-02385-8